超光速の光
霊山パワーの秘密

長池 透
Toru Nagaike

今日の話題社

「眼を閉じて視える光《潜象光》」スケッチ

本書のテーマ「潜象光」は、どのように著者に視えているのだろうか。
著者のスケッチを通してイメージを伝えることにした。（本文二七三頁参照）

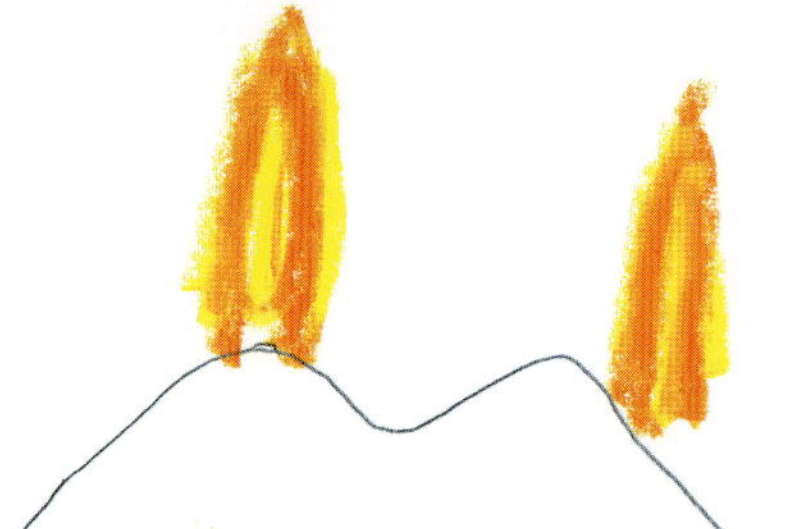

（前頁、本扉）
図1
湯殿山C

（本頁上より）
図2
湯殿山A

図3
湯殿山B

図4
洞川・竜泉寺

図5
金華山

図 6
富士山

図 7
御嶽山

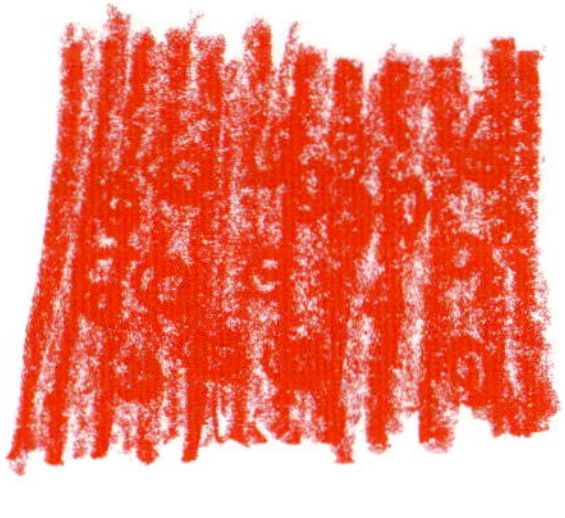

図 8
鳥海山

図 9
三島大社

図 11　三輪山

図 10　常念岳

図 12
高野山・奥の院

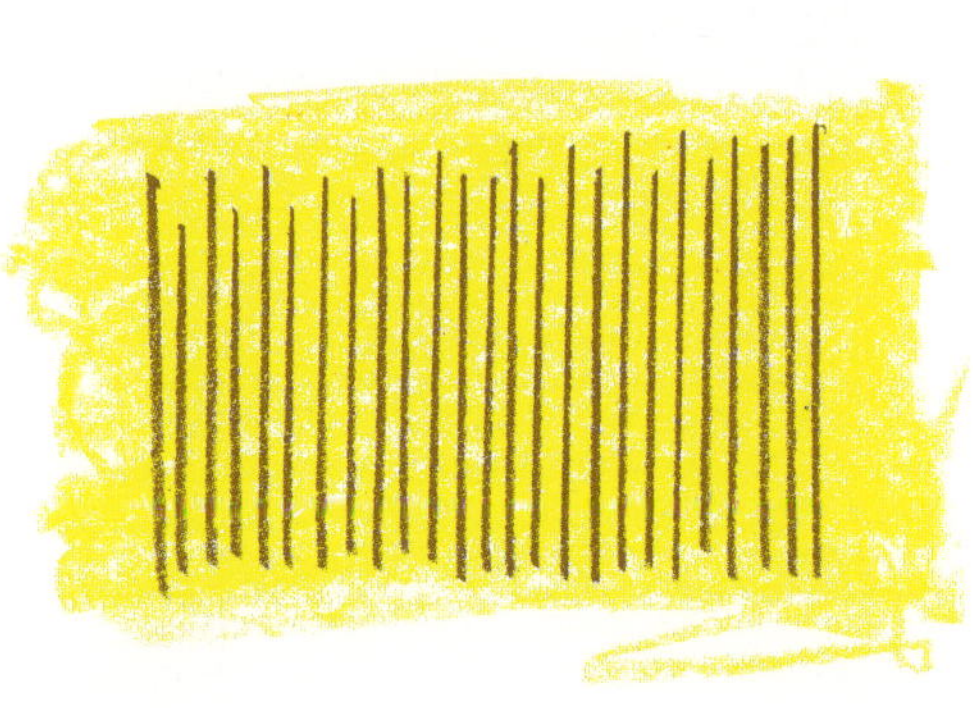

図 13
生島足島神社

はじめに

眼を閉じると、今まで見えていた山の景色は消え、光だけの世界が広がってきた。ピンク、オレンジ、黄色、赤色などが、横方向に幾重にも重なって、波打っていた。そのうちに、このうねりの中央部が盛り上がって、山の形になった。この形は、まるで褶曲山脈の断面図を視るようであった。

この状態に加えて、視界の右側と左側から、明るい黄オレンジ色の光が、瀧が流れ落ちるように、どっと落ちてきた。二つの光の瀧が出現したのである。

さらに、足下の方からは、眩いばかりの金色の光が、噴き出してきた。

これら三種類の光の光景は、しばらく続いた。光の一大ページェントであった。

これが眼を閉じて私が最初に視た光の姿であった。目を開いて見える光、例えば虹の七色と区別するために、潜象光と名付けた。これに対して、目を開いて見える光を、顕象光と呼ぶことにした。

このことが起こったのは、東北地方、出羽三山の一つ、湯殿山に詣ったときである。そして東北地方から、潜象光を視る旅が始まった。

岩木山、鳥海山、早池峰山、月山、金華山の他、大小の山々、また、これらにまつわる神社などを、訪ね歩いた。

それから、南の方へ下がって、中部山岳地帯、富士山、白山、立山、御嶽山、乗鞍岳、穂高岳などの山々の他、生島足島神社、皆神神社など、潜象光の多く集まる神社寺院を訪れた。

今回は、西日本の旅となった。

近畿地方では、琵琶湖周辺の山々、明日香地方の山々、熊野・高野山などの社寺を訪れた。

中国地方は、厳島、大山、出雲大社など、四国は、石鎚山、剣山のほか、遍路旅に出てくるいくつかのお寺も訪ねた。

九州は、高良山、英彦山、久住山、高千穂峰他などである。

これらの旅を通じて、これまでとは違った潜象光の世界が広がった。そしてわかったことは、近畿地方の山々が、その周辺だけに留まらず、１００キロメートル以上も離れている山々とも呼応して、潜象光が届いていることである。

そのことは中国、四国、九州いずれも同じであった。つまり、日本全体が潜象光の世界として、連携しているのである。

この本では、これまで視てきた潜象光の代表的なものについて、図示することにした。皆さんが、潜象光を視られる時の参考にしていただければと願っている。

目次

写真提供　日本写真作家協会　向井茉里子氏

瞼を閉じて視える光・潜象光とは？

はじめに、「潜象光」と呼んでいるものを、少し詳しく説明する。

潜象光とは、「潜象エネルギー」の一種である。肉眼では視えない光なので、普通に瞼を開いて、見える光と区別するために、潜象という言葉を使っている。

私たちが知っているエネルギーには、電気、磁気、光、熱、音、等がある。そのほかに重力もある。これらは、それぞれ人類がすでに利用しているエネルギーである。これらのエネルギーを生み出すものの中で、最も一般的なものは、化石燃料（石油、石炭、天然ガスなど）である。重力については、別途としたい。この他に、核エネルギー、風力エネルギー、波浪エネルギーなどがある。あるいは、新しく、燃料電池も開発されている。これら既知のエネルギーのことを、私は「顕象エネルギー」と呼んでいる。顕象とは、すでに明らかになっているという意味である。

これに対して、潜象とは、現代人が知覚していないという意味である。現代人とわざわざ断ったのは、有史以前の超古代人は、潜象エネルギーを利用していた痕跡があるからである。残念ながら、現代人の知覚は、超古代人の科学の域には達していない。だから、現在でも、原始的なエネルギーである化石燃料に、多く依存している。

では、潜象エネルギーと呼んでいるものは、どんなものか？

一言でいえば、電気、磁気、光などのエネルギーを、生み出している、その元になっているエネルギーといえよう。

こう言えば、皆さんは、電気とか、磁気など、人間が創り出しているエネルギーではないかと反論されるであろう。端的な例は、水力発電である。ダムを造り、高いところから水を落として、その力でタービンを回し、それによって発電機を回す。いわば、農作業で見掛ける水車に連結した発電機を回して、コイルに電気を発生させるのである。石油や、核エネルギーを使った発電も、原理は同じで、この場合は、蒸気の力を利用してタービンを回すというのは同じである。

ところがである。こういう機械で電気や、磁気を発生させることはできるが、なぜ、電気や磁気が発生するかという、根本的なことは、何一つわかっていない。発生の法則はわかっているが、どうして？　となるとわからない。現代科学は発生した現象をうまく利用しているが、本当に理由は何か？　という命題に対しては、何一つ答えてはいない。私はそれを探究している。

重力についても同じである。ニュートンが発見した重力の現象的な説明、計算はできているが、その根本的なことについては、未知のままである。だから、スペースシャトルを打ち上げても、その中に乗っている宇宙飛行士は、無重力の中で、不便な仕事をしている。

電気、磁気などの顕象エネルギーを生み出しているのは、その奥に存在している潜象エネルギーである。私たちは、電気や磁気とか、光などを創り出すことはできるが、それを生み出すエネルギーは、一体、どこから来ているかについての研究を怠っている。エネルギー利用の方策だけが先行している。現代生活を営む上で、それでも格別支障はない。支障がないから、それでよいとは言えない。その「付け」が、現在顕著になってきた。化石燃料の使いすぎで、地球温暖化という現象が急速に進行している。

世界中の気候が、すでに大きく変わりつつある。これを早めに阻止するための手だてを、考えなくてはならなくなってきている。電気を簡単に手に入れることができたから、それを利用することだけに開発の目がいっているからであろう。

あるいは、化石燃料を使って、簡単に自動車を走らせ、海上を船舶が航行し、航空機を飛ばすことができるからである。最近は、太陽光発電技術が発達して、家庭でも自家発電ができるようになり、これを利用した自動車の開発も、盛んである。これはこれで、立派な技術である。発展すれば大いに役に立つ。

潜象エネルギーの探究は、これらとは別種のものである。顕象エネルギーの元になっているエネルギーを探す旅である。私たちの周囲に無限にあるエネルギー、それが潜象エネルギーである。たとえていえば空気のようなものであるが、空気と違って、液体の中にも、固体の中にも、潜んでいるエネルギーである。

このエネルギーを取り出すことができると、現代の科学は一変する。これまでのようなエネルギー源は、一切不要になる。なぜなら、私たちの周囲に無限に存在しているからである。

この潜象エネルギーの場は、単に、一層ではなくて、幾層にも重なっている。とりあえずは、その中の一つの低次元のエネルギー場を探し、それが電気や磁気とどのように関係しているかを、研究することになる。

そのための例として、よくわかるのは、前著『霊山パワーと皆神山の謎』(今日の話題社)に述べた、長野県の皆神山地震(松代群発地震)である。

ここでは、潜象エネルギーが、群発地震を発生させ、発光現象までも、観測された。

このことは、潜象エネルギーによって、直接、ものを動かしたり、光を得ることができることを示している。

ではこの潜象光であるが、肉眼では見えない光が、どうして、眼を閉じると視えるのであろうか?

これを証明するのはなかなか難しい。それを私なりにわかりやすくその理由を考えてみた。目の細胞は、大きく分ければ、レンズと、網膜と、視神経になる。レンズは景色とか、光とかを通過させる。その際、網膜のところにうまく焦点が合うように、レンズの厚みを微妙に調節する。

網膜は、レンズを通過した光線を受けて、影像を形づくり、それを視神経に伝える役目をする。この働きによって、私たちは、物の形、色彩、明暗を識別することができる。

だから瞼を閉じたときは、光がレンズを通過しないので、目の前に何があるかわからない。ところが、出羽三山の一つ、湯殿山に行ったときから、私は突然、瞼を閉じたとき、周囲の景色とは無関係に、光の形状や、色彩が視えるようになった。

突然起こったことなので、なぜ視えるのかわからなかった。山や谷や樹木は、瞼を閉じると、当然ながら、見えなくなる。光だけが視えるのである。

この光というのは、人間が居ようと居まいと、関係なく、その場所にいつでも満ちているエネルギーなのであろうというのは、想像がつく。

だから私以外でも、条件が揃えば、誰にでも視える光のはずである。

ところで、人間の網膜が光を識別できるのは、虹の七色の領域に限られる。色でいえば、赤色から、橙色、黄色、緑色、青色、藍色、紫色である。これらの色の波長は、0・77～0・38オングストローム（10のマイナス6乗メートル）である。網膜はこの範囲以外の波長に対しては、反応しない。つまり視えないことになる。私が視る潜象光の色彩もこの範囲である。ということは、潜象光の波長は、可視光線の波長と同じであると言える。

ではなぜ、可視光線が瞼を通過しないのに、潜象光は、閉じた瞼を通過して、網膜に達するのであろうか？　ここでレントゲンを思い出して欲しい。レントゲン（X線）は、皮膚を通過して、内臓の状態や、骨の具合がどうなっているかを映し出すことができる。つまり、レントゲン（X線）の光（わかりやすいように、一応この表現にした）は、人体を通過してゆく。だがこの光は、人間の目には映らない。波長が違うからである。波長が違うから、網膜は光を認知できない。このX線の波長は、光の波長の約千分の一ぐらいになる（10のマイナス9乗からマイナス11乗ぐらいの範囲である）。

この二つの光と、潜象光とを比較してみると、非常に興味深いことがわかる。

潜象光は網膜で識別できるので、可視光線の波長と同じであろう。一方、瞼を通過する光であるから、潜象光の振動数は、X線と同じぐらいであると考えてよい。

このX線の振動数は、10の18乗～20乗ヘルツの範囲である。可視光線の場合は、10の14乗～15乗ヘルツの範囲である。X線の振動数は、低いところでも、可視光線の振動数の約千倍程度になる。

ところで、この二つの光は、速度が同じなのである。この原理は、あの有名なアインシュタイン博士が発見した光速度一定の法則に依る。光速度は、一秒間に、約30万キロメートルである。

波長と振動数との積は、距離になる。距離をかかった時間で割れば、速度になる。

潜象光の場合、波長が可視光線と同じで、振動数がX線と同じとすると、その積は、可視光線の約千倍になる。つまり、可視光線の千倍の距離を、走ることになる。これを時間で割ると、速度になるから、潜象光の速度は、超光速であることになる。この数値は実際に測定したものではなくて、あくまでも理論上の数値である。

潜象光が通過するのは、薄い膜である瞼なので、X線ほどの透過力は必要ない。それに、この潜象光は、常に私たちの周囲に満ちていて、かつ、身体への影響が無いことから、X線よりかなり低い振動数であると、考えられる。可視光線の千倍の振動数ではなくて、振動数が低くても、瞼を通過することはできるであろう。超光速の度合いは、かなり低くなる。しかし、いずれにしても、光の速度よりも速い速度であることには変わりはない。

アインシュタイン博士以来、光速度（1秒間に30万キロメートル）を超える速度は存在しないことになっている。現代の物理学は、この前提の上に成り立っている。

しかし、潜象光の世界は、いとも簡単にこの物理学の前提を崩してしまっている。

これまでの常識にない超光速の世界が、現実に、私たちの周囲に存在しているのである。

新しい物理学を、考えねばならぬ時に、さしかかって来たようである。

私はこれから、このような潜象物理学を、研究してゆくことになる。

アインシュタイン博士の物理を通り越してゆくと、新しい世界が広がってくるのである。

さらに重要なことは、この世界は、可視光線の世界と重なり合って存在している。この新しい世界のことを、私は、潜象エネルギー場（潜象光はその一部である）と呼んでいる。

これが、瞼を閉じて視える光・潜象光についての大まかな説明である。なお、可視光線や、X線の数値は、『理科年表』（丸善）に拠った。

近畿地方

伊吹山

前夜の雨がすっかり止んで、空が青く晴れ渡った朝を迎えた。

長野から急に予定を変更して、なぜか、呼ばれるように、伊吹山を見たくなり、関ヶ原を経て、前日遅く彦根に入った。

旅先のこととて、明日晴れるとの予報は入手していなかったが、とにかく来てみたのである。朝起きてみると、快晴だったので、朝食も摂らずに宿を出て、途中で食事を済ませ、伊吹山へ向かった。

山の天気は変わりやすいので、山に登るのは午前中がよい。

彦根を出て、国道21号線を走り、米原を経由して関ヶ原の所で左折した。そして西へ向かい、伊吹町役場に着いた。

初めての市町村へ行くときには、大抵このように、市役所や役場を訪ねることにしている。

周辺の案内図や、そのほかいろいろな情報を得られるからである。

概略の情報を得てから、伊吹山に登る前に、まず伊吹薬草の里文化センターに立ち寄った。建物の周りには、約３００種もの薬草が植えられている。私たちが訪れた日には、ここで何かの催しがあるようで、多くの人たちが集まっていた。

それで、薬草についての詳しい話は聞けなかったが、薬草に関する本を買った。ここには昔から、薬草が自生していたが、それに加えて、織田信長の時代に来日したヨーロッパ人が、彼らの薬草も植えたそうである。安土城に近いということのほか、何か、山の持つ力を感じ取ったのであろう。

昔はここで産する艾(もぐさ)が有名であったが、今は、何種類ものハーブも栽培されている。薬草の山として、昔から有名なところである。


このセンターを出て、すぐ元の道に戻り、伊吹山のドライブウエイに向かった。

このすぐ近くに、関ヶ原の古戦場がある。関ヶ原の戦いと言えば、誰しも豊臣軍と徳川軍の天下分け目の激突を思い出すが、遠く奈良時代にも、ここは政権を賭けた戦いが行われたところでもある。雌雄を決するような戦に向いている地形なのであろう。この近くの米原は、東海道と北陸道の分岐点になっており、現代でも交通の要所になっている。

ドライブウエイの入口は、滋賀県ではなくて、岐阜県になっている。山頂までの道も両県にまたがっていて、岐阜県、滋賀県、岐阜県、そして山頂付近は滋賀県になっている。

入口から1377メートルの山頂近くのパーキングエリアまで、17キロメートルもある。この間つづら折りの山道であるが、道幅も広く、よく舗装されている。

私たちが行ったのは十二月上旬であり、この頃になると例年は道を閉鎖されることもあるという。幸いにして、この年は冬が来るのが遅く、氷結や降雪はなくて、山頂まで登れた。

それにしても有り難かったのは、この日快晴で、風も弱かったことである。前日までの天気予報では、曇り、あるいは雨という予報であったので、朝起きるまでは心配したが、快晴に恵まれて本当によかった。ここでも山の神のご配慮があったのである。

ドライブウエイを登って行くにつれて、眺望が開けてきた。琵琶湖側だけでなく、岐阜県側の方もよく見えた。

山頂近くの山肌が整地されてそこが広い駐車場になっていた。

伊吹山は、北北西から南南東にかけて、三國岳、土蔵岳、金糞岳、そして伊吹山と連なる伊吹山地の一番南に位置している山である。

ここで車を降り、三本ある登山道の真ん中の道を登ることにした。

西遊歩道片道約40分、東遊歩道（下り専用）約60分、中央遊歩道約20分と、標識があったので、真ん中の道を選んだのである。所要時間が短い分、急な登りであった。

山頂はなだらかな凹凸はあったが、ほぼ平らであり、そこの一段高くなったところに、日本武尊の立像が建てられてあった。

古事記や日本書紀に述べられている話は、日本のほとんどの豪族を征服して、大和朝廷の基盤を築いた日本武尊が、最後に戦ったのがこの伊吹山であった。山の神とも、妖怪とも言えるのが、その相手であった。

この戦いで、尊は重い病にかかり、それがもとでみまかられている。

この立像が向いている方向は、たぶん、奈良の都の方であろう。もちろんここから見えるわけではないがそんな感じであった。

第二次世界大戦中、小学生だった私は、戦後の日本歴史とはまったく違った歴史を習った。その中では、古事記や、日本書紀が、神話としてではなくて、歴史の絶対的な資料として、取り上げられていた。

戦後は、考古学的な発掘調査をもとにした歴史の見直しが行われ、古事記や日本書紀にある古代天皇制やそれ以前の大和朝廷の発足よりも、魏志倭人伝を基礎とする古代国家、邪馬台国、その女王卑弥呼の話が大きく取り上げられていた。
もっとも、その所在地については、大和説、九州説、その他各地にその伝説があり、現在でも確定されていない。

こういう歴史の見直しの中で、日本書紀などはそれまで異本とされていた伝説や、物語からの取り込みである等と、書かれた本も数多く出版されている。

特に日本武尊に関しては、日本書紀にあるものとは、違う話も書かれている。ここでその真偽をとやかく言うつもりはない。

日本人の心の中には、なぜか、判官贔屓（ほうがんびいき）という心情が流れているようである。判官（ほうがん）とは、源義経のことである。義経は、平家と源氏の政権争いの際、源氏の大将として平家の軍を何度もうち破り、鎌倉幕府の基礎を築いたのであるが、兄の頼朝に疎まれて、兄から追われる立場に立たされた。

「旅の衣は篠懸の……」ではじまる歌舞伎の勧進帳では、武蔵坊弁慶と関所役人富樫に助けられ、東北の平泉まで逃れることができたが、結局は鎌倉幕府の追及を受け、命を落とすことになった。

史実はこうなっているが、本当はこのときの首は替え玉であって、義経は蝦夷地に逃れ、果ては中国に渡り、ジンギスカンになったという高木彬光氏の小説ができるほど、日本人が贔屓にしている英雄である。

この勧進帳では、関所役人から咎められたとき、「もとより勧進帳のあらばこそ……」と、弁慶が笈の中から白紙の巻物を一巻取りだして、いかにもこの中に寺院建立の勧進帳があるがごとくに読み上げ、それに対して、富樫が鋭くつっこむ。

さらに、富樫は「ことのついでに問いもうさん」と、畳みかけるように仏法問答を始める。弁慶は、それによどみなく応えて、うまくかわしてゆく。

このやりとりが、このドラマのクライマックスである。

ストーリーの中では、弁慶がうまく言い逃れたことになっている。しかし、この歌舞伎を見ていると、富樫はこの一行が義経主従と知りながら、見逃したという風に見える。富樫の情けである。弁慶は、この関所を出た後、花道の所で、関所の方を向いて、深々と頭を下げ、そのあと、六法を踏んで、花道から去ってゆく。

このように、義経はいたるところで助けられているのである。

平泉から逃れた義経の旅を示す義経ゆかりの寺社が、岩手県の江刺市、遠野市、釜石市、宮古市、久慈市、青森県の八戸市、名川町、百石町、野辺地町、青森市、五所川原市、中泊町、外ヶ浜町（竜飛岬）まで、いくつもあるのである。

この道をたどると、その先は蝦夷の地であるから、義経は生きていたという話が真実味を帯びてくる。

また、『北の義経伝承』（正部家種康著・帆風）には、これまでとは違った義経の平泉脱出行が述べられている。正部家氏は、八戸在住の郷土史家である。

義経は、平泉で死んだとされる一年前に、すでに平泉から八戸に移り住んでいたという。当然、義経の首は、偽であることになる。これは、藤原氏の援助のもとにおこなわれている。

義経は、悲劇の英雄として、時代を超えて多くの人の同情が集まっている。

日本武尊についても、同じように悲劇の英雄として、人々の共感をそそってきた。『ヤマトタケル』（黒岩重吾著）にも、その姿が浮き彫りにされている。

この日本武尊が持っていた草薙の剣は、元々、天の叢雲（むらくも）の剣と言われ、素戔嗚尊が、出雲で、八俣の大蛇を退治したとき、取りだしたものとされている。

この剣を持っていると、不思議に戦に勝った。ところが、伊吹山では、この剣を持っていかなかったため、死に至る病を得たのである。尊は死後、白鳥になって、いずこかへ飛び去ったという伝説になっている。

このとき、山の神が吐いた毒気とは何か？　ということを、S氏がふと口にした。その時、山に何か有毒ガスがあったのではないかというのである。

一体それは何かということに興味が湧いた。

この山は、石灰岩の山である。今はこの石灰岩を取り崩して、セメントを作っているほど、大量に採掘できるのである。

この石灰岩に関連して、次のような連想が浮かんだ。

生石灰は、水に触れるとガスを発生して消石灰になる。この消石灰は土壌改良のために、よく使われる。このガスは有毒ガスである。人間が大量に吸うと、体に悪い影響が生ずる。

昔、伊吹山の山麓のどこかで、生石灰の塊が露出していて、そこに雨が当たって有毒ガスが発生していたのではなかったかと思った。

尊が山に登ったときは、ちょうど濃い霧が立ちこめていたというから、この可能性があったのである。伝説に絡んで、ふとこのようなことを想像した。


この山を調べるにあたっては、滋賀県の分県地図を参照したのであるが、実際に山に登ってみると、盲点をつかれた感じであった。

この日は快晴であったので、360度の眺望が得られた。

視界の左側から、白山、立山、北アルプス、御嶽山などの山々が、ずらりと並んで、一望できたのである。

目を西の方へ転ずると、琵琶湖の向こう側に比良山系と、その南端の方に比叡山が見えていた。

琵琶湖と比叡山との間には、遠く御在所山のある鈴鹿山脈が連なっていた。

この伊吹山は、標高１３７７メートルと、中部地方の山々に比べると、格別高い山ではないが、琵琶湖側から見ると独立峰の趣を呈していて、山頂に登ると、東側はすぐ濃尾平野、西側は琵琶湖というちょうど、中間部に聳えていて、周辺の山々が一望できるのである。

この山頂で私が潜象光の調査をしている間に、S氏が近郊の方に出会った。この方は、よく伊吹山へ登るが、このように遠くの山々までよく見える日は、一年の内でも数えるほどしかないと言っておられた。

こんな日に山に登れたことを山の神に感謝した。ここでも神のご配慮があったのである。

伊吹山は近畿地方の山であるという先入観があったので、まさか、１００キロメートル以上も離れている中部地方の霊山が、手に取るように見えるとは、予想もしていなかった。

もちろんこれらの山々からの潜象光も、はっきりと視えていた。

ここから見える山々は連続しているので、山が放つ潜象光が特定の山からのものと判断するのが難しい。したがって、ある範囲の方向に視える光という表現になる。

その角度の範囲にあるいくつかの山が放っている潜象光である。

伊吹山から視えた潜象光の概略は次のようであった。

３２５～０度　強い立ち上がる光あり

３５５～５度　白山方向を含む漂う潜象光に紫色が混じる。さすがに白山である。立ち上がる光は、濃いオレンジ色。その中に円形の光があり、それが消えると、この中心から放射状の黄色い光が現れた。

20～40度　立山、槍ヶ岳、乗鞍岳、御嶽山が並んでいる。白山と同じような潜象光が視えた。山のつながりと同じように、潜象光も一面につながって視えた。ただし、紫色はあまりなくて、オレンジ色が強烈に光っていた。

１１０～１４０度　恵那山、金華山方向である。オレンジ色の光が出ていた。

２１０～２４０度　非常に明るく、強い光である。漂う光も強烈である。色はオレンジ色と黄色である。この方向は比叡山の方向である。

２６０度　この方向は比良山地である。比叡山とほぼ同じ色である。こちらの方が、伊吹山からの距離は近いのであるが、潜象光は比叡山の方が強かった。

前著では、主に長野県側からとか、石川県側から視た潜象光がほとんどであったが、伊吹山から視るのは、これまでとはちょうど反対側から視る潜象光となった。

このように、反対側から視ても、潜象光は変わらずにちゃんと視えるのである。

このように、絶好の観測日に恵まれて、100キロメートル以上も離れた遠くの山々まで一望できたのは、山の神々のご配慮というほかはない。

この仕事を始めてから、その時、その場所に応じた天候に、いつも感謝しているのであるが、今回もまたそうであった。

伊吹山の頂上は、多少の凹凸はあるがほぼ平坦である。そして遠くの山がよく見える場所に、山の名前と、その山までの距離とを記した方位板が設置されていた。

だから、どの方向にある山は、何という山かよくわかるのである。

ここから200キロメートル以上離れている富士山は、さすがによく見えなかったが、立山、(166・5キロメートル)、穂高岳(奥穂高147・75キロメートル)位までは、肉眼でよく見えていた。

このとき、白山（剣ヶ峰87・5キロメートル）の頂上付近は、すでに雪に覆われていて、すぐに白山であることがわかった。

このあと、自宅に戻ってから、昭文社の50万分の1の、中部地方の地図で調べてみたら、潜象光的に関連のある山々は、次のような山であった。

恵那山	167・75キロメートル
穂高岳（奥穂高岳）	147・75キロメートル
立山（竜王山）	166・5キロメートル
白山（釈迦岳）	86・5キロメートル
（大汝峰）	89・1キロメートル
（四塚山）	89・1キロメートル
前穂高岳	148キロメートル
御嶽山（継母岳）	108キロメートル
（継子岳）	111・5キロメートル
（三浦山）	107キロメートル

これまでは、中部地方の山々は中部地方であり、近畿地方の山々は近畿地方と、区分して考えていたのであるが、伊吹山から濃尾平野を隔ててその向こうに、中部地方の山々を見ていると、距離的には、100キロメートル離れていても、相互に関連していることがよくわかった。以前、東北地方の山を視ているとき、鳥海山と月山との中間地点を通っていたとき、S氏が「鳥海山から月山に向かって気が流れていますよ」と言ったことが思い出された。

この地点は、両者の頂上を直線で結んだところであり、エネルギーの流れが、強いところであった。

伊吹山自体は、山を構成している岩石には、石灰岩が多く、石英質を多く含んだ岩は多くないので、麓で山の放つ潜象光を視ても、立山や白山ほど強い光ではない。しかし、山の頂上で立山や白山、さらには御嶽山等の潜象光を視てみると、間違いなく関連していることがわかるのである。

琵琶湖

琵琶湖は日本で一番大きな湖である。この湖を挟んで、東側には、伊吹山、西側には比良山系、比叡山が連なっている。

西側の山は火山岩質の山であるが、伊吹山は石灰岩が主体の山である。一部花崗岩が貫入しているが、そう沢山ではない。

そのせいか、湖のそばで伊吹山の潜象光を視ても、そんなに強力ではない。

これら三つの山の中では、比叡山が最も強い光を放っている。比良山系も、伊吹山もほぼ同じくらいの光であった。

やはり、山を構成している岩に、石英質のものが多いか少ないかによって、潜象光の強さは変わってくる。


琵琶湖は面積は広いが、水深はそんなに深くない。特に、近年、東南に当たる地域は、干拓されていて、陸地になっているし、そばの湖の水深も浅くなっている。

深いところは北西の保田、竹生島付近である。この深いところでも、水深は50メートル位で、他の湖のように深いとは言えない。

しかし、昔から琵琶湖はこの規模であったかと言えば、そうではなかった。もっと広い湖の時もあった。またこの湖から流れ出す川は一つしかない。

それに対して、湖に流入する川は、たくさんある。

大瀬川、大川、姉川、天野川、犬上川、宇曽川、愛知川、野洲川、百瀬川、安曇川、鴨川、比良川など数多い。

これら多くの河川からの水が、琵琶湖の水位を保持しているのである。大津市の瀬田から流れ出す川は、瀬田川、宇治川と名前を変え、さらには、淀川となり、大阪湾に注いでいる。

このように、流入する川の割に湖から流れ出す川が少ないときには、山から運ばれた土砂は自然に湖に堆積することになる。そのせいもあって、琵琶湖の水深は深くないのである。湖の東南部は、広い平野になっているが、このあたりには、流入した土砂が永い年月の間に、堆積していったのである。後で述べるが、浅い湖の理由はもう一つある。

それに加えて、干拓事業も行われ、湖の面積はだんだんと狭くなってきている。

現在の地形図から推測すれば、西の海の東の方に、緒山（４３３メートル）があり、その東側には、愛知川が流れている。このあたりに、西の海というもう一つ小さな湖がある。この緒山と西の海との間に安土山がある。織田信長が築いた安土城のあったところである。

どうして、私が潜象光とはあまり関係がないように思われる、琵琶湖の昔の姿を想像するかというと、そこには一つのわけがある。

前著『霊山パワーと皆神山』で引用した民話「ダイダラボッチの力比べ」と関連があるのではないかと思うからである。

この民話の中で、ダイダラボッチと力比べをしたダッタイボウは、大量の土を運び、一夜で富士山を造ったことになっている。

その時、土を取った後が琵琶湖になったというのである。

もっとも、この話について、ある人は、富士山の容積と琵琶湖の容積とを比較したとき、琵琶湖の方が随分小さいから、この話は成立しないと言っている。

しかし、昔の琵琶湖は現在よりももっと広く、かつ、深かったとしたら、面白い関連性があると思われるからである。

それに、後で述べるが、これとは別に、もう一つ別の考え方ができる。

滋賀県の地図をご覧になるとお分かりになるが、東の方は、東海道本線の瀬田のあたりから、守山、近江八幡、彦根を経て、米原から余呉あたりまで、そして西の方は、湖西線の「まきの」から、安曇川町、志賀町を経て、大津市に至る路線で囲われる一帯が、昔の琵琶湖ではなかったかという考えが生まれるのである。

もう少し付け加えることができるのは、東の方は北陸自動車道に沿って、米原から木之元町付近まで、西の方は、マキノ町、今津町、安曇川町付近は、湖西線よりもさらに山側まで、湖であったと、さらに広く考えられるのである。

このような湖岸線を想定し、湖の深さが今よりももっと深かったとすれば、富士山の土は琵琶湖の土であったという物語につながり、民話がさらに面白くなる。

理由はこんな事であるが、実際にそうであったかというと、そうではなくて、地質学上は、火成岩で構成されている富士山は、地下のマグマ噴出によることが、はっきりしている。だから、表面的な関連性はないのであるが、民話の面白さについて、ここで次のような発想が浮かんだ。


琵琶湖の生成をたどってみると、興味ある事象に出会う。

この話は、『琵琶湖水底の謎』（小江慶雄著　講談社）に記載されていることに始まる。

この本によると、日本書紀に、孝霊天皇の五年に、一夜にして琵琶湖と富士山ができたという話が、書いてあるというのである。

前に述べたように、民話の中では、大男の力比べがあり、ダイダラボッチが榛名山を造り、ダッタイボウが富士山を造ったことになっている。

この話とはまったく違うが、地質学の分野では、富士山は、今から約一万年ほど前にできたことになっておる。

これに対して、琵琶湖の歴史はもっとずっと古い。

それに、土の量で、琵琶湖の容積と、富士山の容積とを比べてみると、富士山の土砂の38分の1の量で、琵琶湖は埋まってしまうという説明になっている。

まず、琵琶湖の歴史の方であるが、建設省地理調査所の調査によると、古琵琶湖層の分布によって、おおよそ百万年前の古琵琶湖の形は、現在の琵琶湖の二倍ぐらいの広さをもっていた。

それが、十万年前には、現在の約半分ぐらいに狭まったことがわかったそうである。

その後、一万年前を中心とする年代に再び陥没して、湖は広さを増したが、現在よりはやや狭く、さらに千年前頃にまたやや広がった。現在は逆に縮小化に向かっているという。

このことが事実であるとすれば、ダッタイボウの話に通ずるものがあることがわかる。

民話にあるように、大男が琵琶湖の土を運んで、富士山を造ったという直接的な事ではなくて、間接的な話だと、つじつまが合うのである。

それは地下数十キロメートルの話と考えるのである。富士山の大噴火によって、周辺の地下マグマ（地底のどろどろした溶岩）の圧力が低くなって、琵琶湖周辺の陥没が発生したということは充分考えられることなのである。

この頃は富士山だけでなく、日本の各地で火山活動が非常に活発になっていたのであろうこの民話に出てくる上州榛名山の生成も同じ時期であるとすれば、榛名山の場合は、富士山よりもはるかに山が低いので、周辺の陥没だけで出来上がったと思われる。

榛名山のそばには榛名湖がある。地下の溶岩が噴火したため陥没したと思われる。

富士山の場合は、榛名山よりも遙かに規模が大きいので、すぐそばの地下のマグマでは足りなくて、その影響は、琵琶湖の地下マグマにまで及んだと、考えられるのである。

元々あった湖であるが、大陥没が発生して、琵琶湖の面積が二倍になれば、周辺に住んでいた人たちにとっては、吃驚する出来事であったろうし、あっという間に湖水が押し寄せてきて今まであった湖岸の村々は水没してしまったことであろう。

このように考えると、前に述べたように、富士山の噴火と、琵琶湖の大陥没とは、間接的ではあるが、関連していたと言えるのではなかろうか。

伝説とか、民話というものは、そのことが事実であるかどうかを確かめることが、非常に難しいので、学問的には考古学とは切り離して、民俗学として取り扱われている。

考古学は実証的であることが原則であるから、民話の世界に証拠がない限り、事実として認知されることはまずない。

しかし、民話や伝説をまったく架空の物語として、捨て去るのは惜しい話である。

私は、『十和田湖山幻想』のなかで、十和田湖の生成について、かつて十和田湖山が存在していたのが、大噴火によって陥没し、現在の十和田湖になった話と、これにまつわる伝説「八の太郎と南祖之坊」のことについて述べた。龍になった八の太郎とこれまた龍になった南祖之坊とが、十和田湖をめぐって、その棲拠争いをやった話である。

この両者の争いと、十和田湖山の噴火が関連しており、その時の火山灰が、鹿角盆地（当時は鹿角湖）に降り積もったことを述べた。

地質学上、十和田湖山の噴火と、鹿角盆地（鹿角湖）に降り注いだ火山灰と相互関係は、実証されている。このあたりの土地は、何度も隆起と沈下を繰り返していたことも、併せて、地質学上、実証されている。ここまでのことは、この本の中で書いているが、琵琶湖と富士山のことを調べているうちに、気が付いたことがあるので、追加しておく。

それは鹿角盆地の湖化は、十和田湖山の噴火によって、地下のマグマの圧力が低くなり、そのため、鹿角盆地は沈下して、湖になったとみるべきであろうということである。その後、徐々に地下マグマの圧力が上昇して、湖化した盆地全体が隆起し、再び陸地になったということは充分に考えられるのである。

ちなみに、現在の鹿角（花輪）盆地の広さは、約70～80平方キロメートルである。当時の鹿角湖の水深は、そう深くはなくて、数十メートル程度であったと言われている。地下マグマが十和田湖山の方へ移動したことによって、鹿角盆地が陥没したとすると、広範囲ではあるが、比較的浅い陥没であったのであろう。そして十和田湖山の噴火による火山灰が湖底に堆積し（これは地質学上証明されている）、それが再度の隆起によって現在の鹿角盆地となったのである。

一方、十和田湖山の方は大爆発で、山頂付近が吹き飛んでしまい、大きな噴火口ができ、そこに水が溜まり、現在の十和田湖になった。鹿角盆地地下のマグマが十和田湖山の方へ移動したので、これによる盆地の陥没が起きた。それが比較的浅い鹿角湖の生成となった。のちにこの地が隆起したことは、地質学上確かめられている。

この浅い湖の生成は、琵琶湖の浅さと共通している。

これに対して、現在の琵琶湖の面積は、716平方キロメートルである。十万年前には、この約半分であったとすれば、大陥没によって広くなった分は、約350平方キロメートルになる。鹿角湖（現鹿角盆地）と比較すれば、約5倍の広さになる。十和田湖山といっても、現在は陥没しているので、山の形はないが、岩手山などと比較して、約2000メートルはあったとすれば、話は合うのである。

今ひとつの問題は、十和田湖山と鹿角湖の場合は、両者の距離が、約30キロメートルと、比較的近い場所なので、火山噴火の時、鹿角の地下のマグマが移動して、そこの圧力が低くなり、陥没したとしても、話としては理解しやすい。

しかし、富士山と琵琶湖とでは、200キロメートルも離れており、いかに富士山の噴火が大規模であったとしても、地下でマグマがこの距離を移動して行き、琵琶湖地下のマグマの圧力が低下したとは、信じがたいかも知れない。

しかし次のような考え方もできる。それはまず、富士山周辺約50キロメートルから100キロメートルの範囲で、地下マグマが富士山から噴出し、そこのマグマが薄くなったのを、さらにそこから離れた濃尾平野あたりの地下からマグマが補充される。次に濃尾平野地下のマグマの圧力低下を補充するために、そこへ琵琶湖地下のマグマが流れ込んで、その圧力低下を補充する。このように考えると、琵琶湖地下マグマは順次、富士山の方へ移動したことになるのである。そして、琵琶湖地下のマグマの補充が、他から得られなかった、不十分であったとすれば、琵琶湖周辺の土地は陥没するのである。そこへ元々あった湖に水が流れ込んでくれば、一夜にして、湖の面積が二倍に広がったと考えられるのである。

富士山が日本で一番高い山に成長したのは、このように、広い範囲の地下マグマの供給があったからであろう。富士山は火山の分類上、成層火山になっている。それは供給された溶岩が流動性の高い性質のものであったからである。だから広範囲にわたって、地下マグマの供給ができ、美しく高い山が出来上がったのである。

かつて、私が東北の山々を調査していた頃、岩手県衣川村の磐神社と女石神社へ行ったことがある。

その夜のことであった。食事の後、同行していたS氏が急にトランス状態になられた。そして、ここの神様が現れたことがあった。女石神社にある山神の碑に祀られている方であった。この方ははるか昔、私と何かつながりのあった方であった。

普段私は石碑に手を触れることはない。しかし、この碑に出会ったとき、なぜか石碑に触れたくなり、同行のS氏に石碑に触ってもよいかと訊ねた。同氏はうなずいておられたので、そっと石碑に手を触れた。何か懐かしい感じがしたのである。

この様子を少し離れたところから視ていたS氏は石碑の山神様（女神）が、慈しむような顔で私を眺め、よく来てくれたと言われたそうである。その時私にはその声は聞こえなかった。

その夜、この山神様は、S氏を介して、鳥海山と出羽三山の一つ月山、そして尾瀬の至仏山とが、地下で繋がっていると言われたことがあった。

鳥海山と月山とは、潜象エネルギー的につながっていることはわかっていても、この三者が地下で繋がっていることまでは、理解できなかった。今、琵琶湖のことを調べていて、何百キロメートルも離れている鳥海山と、至仏山とが地下で繋がっていてもおかしくないことを理解したのである。

富士山は一回の噴火でできたのではなくて、数十回の噴火を経て、今日の形になっている。最初の噴火は、約七十万年前である。

琵琶湖が最初にできたのは、百万年前とすると、年代的には近い時代である。ただし、この頃人類がすでにいたかどうかは定かではない。

この時代よりも大分年代が下がって、約一万年前の富士山の噴火が、琵琶湖が二倍の広さになったとき、同じ時期であったとすれば、地下溶岩の流れがあったとしても、おかしくはないのである。

ただ一つ注意しなければならないのは、糸魚川静岡構造線と、中央構造線との関連である。この二つの構造線は、日本の地形を大きく分けていることで有名な構造線である。

ただ、マグマはこの構造線の下に存在しているから、マグマの移動に関しては、別個と考えてよい。

このように、地表を流れる川のように、地下深くにもどろどろに溶けた溶岩の流れがあると考えられるのである。

このマグマの流れは、地表の川の流れとは違って、その逆ともいえる流れになっている。どういうことかというと、地表の川は大気の中に含まれる水蒸気が雨や雪になって地表に降り、それが川の流れになる。

これに対して、地下マグマの流れは大分違っている。地下数十キロメートルメートルの深いところにあるマグマの層から、各方面にマグマが地表に流れ出ようと、その出口を探しているようなものである。

河川で似たような現象を探せば、河口に近いところでは、満ち潮の時、海からの海水が川を遡るのに似ている。

巨大なマグマの海から、無数のマグマの河を遡る流れがあるのである。

琵琶湖と富士山の地下では、大きなマグマの河があって、富士山の噴火で大量のマグマが溶岩として地表に流れ出し、その補充をするのに、遠く離れた琵琶湖の地下マグマが流れて富士山の生成に関連していたと、考えてもおかしくない。

琵琶湖周辺の盆地が、何の地殻変動もなくて、一晩の内に、比較的フラットな大陥没を起こす理由としては、これしかない。

今回の琵琶湖の陥没と、何度目かの富士山の噴火により、山が大きくなったのが、ほぼ同じ時期であったとすれば、このような民話と符合する話につながる。

今回の富士山と琵琶湖の地下では、大きなマグマの河があって、富士山の噴火で大量のマグマが溶岩として流出した時、その補充をするのに、遠く離れた琵琶湖地下のマグマが、そちらの方に移動して、そのために琵琶湖の大陥没が起こったと見ることができる。

一方、富士山の方はこのようにマグマの補充が大量にあったので、噴火が大規模になり、大きな山が生成されたのであろう。

この溶岩の元は、琵琶湖地下だけでなくて、他の所からも富士山の地下に集まったと思える。だからこの時期、他の地方でも、陥没が起こっていた可能性がある。

近いところでは、富士五湖がそうである。

ここで問題になるのは、この事件が発生した年代である。

富士山の噴火は数十回に及び、その内の一つが琵琶湖の大陥没の時期に一致していた。

この琵琶湖の大陥没が、湖の大拡張につながったのであるが、その時代は、孝霊天皇の五年となっている。

『十和田湖山幻想』のなかでも書いたが、伝説の上では、十和田湖の出現は、地質学的に調査された現在の大きな十和田湖が生成されたと見られる時代とは、大きくかけ離れている。

このように伝説の中では、実際に起こったこととその年代とは必ずしも一致してはいない。しかし一致していないから伝説は嘘であると考えるのは早計である。何世代も言い伝えられているうちに、年代が大きく変化して伝えられるのは、よくあることである。

伝達ゲームをご存じと思うが、このゲームは、最初に言われた話を次の人に正確に伝えるゲームである。不思議なことに五人も次々に伝えていく内に、最初の人が伝えられたことが、大きく変化して行くのである。ひどいときには、まったく違った話になることもある。

何千年もの間に、伝えられた事柄というのは、年を経るにしたがって、年代が圧縮されてしまうものである。

だから、自然現象にまつわる民話や伝説を、一概に作り話と決め付けないで、伝説が伝えられるには、それなりの根拠や、理由があったのだと解釈すれば、富士山と琵琶湖の話もつじつまが合うのである。

桜の彦根城・海津大崎・丸岡城

桜の時期に再び、琵琶湖へ出掛けた。

午後東京を出発したので、彦根に着いたのは、夜六時を過ぎていた。

夕食を彦根城のそばにあるキャッスルホテルで摂ることになった。このホテルは、外堀のそばにある。

ここに着いて、思わず見とれたのは、ライトアップされた桜の花であった。夜になって、周りが闇に包まれているところに、浮き上がった真っ白な花のかたまり、満開の桜であった。それが壕の水面に映し出されていた。

実に見事な絵になっていた。これまで、何度も夜桜を見てきたが、このように息を呑むような光景には、初めて出会った。これほど鮮烈な美しさをみせた夜桜はなかった。

前夜の余韻もあって、翌朝は早起きし、彦根城に向かった。この城は、幕末に桜田門外で散った井伊大老の居城である。この年は、井伊家がここに城を築いて四百年になり、その祭りが催されていた。三十五万石の城であり、天守閣は国宝になっている。

天守閣に登り、周りの潜象光を視た。20度から60度の方向に、明るいオレンジ色の立ち上がる光が視えた。この方向には、伊吹山系がある。

また、１２０度から１５０度の方向にも、同じような光が視えた。こちらの方向は、御油岳・藤原岳・竜ヶ岳・釈迦岳などを含む鈴鹿山系である。

城の周りを歩いていて出会った地元の人は、井伊家は一度も国替えがなかったと、胸を張っていた。徳川家譜代の大名であったからである。

彦根城

この方は、頭は現代風であったが、上下を着て、腰に大小を差し、武士のなりをしていた。城の近くに住んで、ボランティアで、こうして歩いているとのことであった。

それを象徴するかのように、天守閣やいくつかの建物が残っており、外堀も内堀も、満々と水を湛えていた。

この堀に沿って歩いてみると、絵になる風景が随所にある。堀の幅も広く、水が満々と湛えられていて、花見舟がゆったりと現れた。

ここに植えられているのは、ソメイヨシノである。城の至るところに植えられており、その数は千二百本という。この満開の桜が古城を華やかに彩っていた。

琵琶湖の周辺には、桜の名所が多い。三井寺・日

出会ったボランティアの方

吉大社・近江八幡の水郷巡りなどなどである。今回は、彦根城の観桜を終え、長浜から湖北へと向かった。この途中も、湖岸に沿って、桜の花が沢山咲いていた。桜街道である。

海津大崎を目指したのであるが、その大分手前のところでも、多くの桜に出会った。ここの桜は湖岸に沿って植えられている。

S氏は、以前より桜の列が大分長くなったと言っていた。周辺の町村も、湖岸に沿って桜を植えたのである。これらの木は、若木が多かった。若木だが、花はいっぱい付けていた。

ここの桜は、道路からも充分見られるが、呼び物は、船に乗って、湖の中から岸辺の桜を観られるのである。観桜船がいくつも出ていて、約五十分ほど、桜を船から楽しめる。湖面から眺める桜は、陸地から眺めるのとはまた違ったよさがある。それに、湖側からの方が、花は表になる。光が順光になるから、鮮やかな色になる。

このあと、越前の永平寺を目指した。国道8号線を走っていて、途中、天守閣と桜が見えたので、立ち寄った。福井県坂井市の丸岡城である。

この城は、織田信長の宿老柴田勝家の甥・柴田勝豊が、築いた城である。このあと、三家ほど代替わりがあって、徳川家康の譜代で、鬼作佐といわれた本多作左衛門の嫡子成重の居城となった。この鬼作佐が、陣中から妻に宛てた書簡「一筆啓上、火の用心、お仙泣かすな、馬肥やせ」の話は有名である。お仙とは成重の幼名仙千代のことである。

のちに城主は有馬家に変わり、明治になっている。

現存する天守閣の中で、最も古いと言われている由であるが、三層の天守閣で、素朴な感じを与える。ここの桜も満開であった。

こじんまりとした城なので、桜の花が天守閣のすぐそばに咲いていて、桜と城の取り合わせがとてもよかった。何となく親しみやすい城であった。

倶利伽羅峠から永平寺へ

さらに8号線を北上して行った。

石川県津幡町にさしかかったら、倶利伽羅塾の標識があったので、立ち寄った。この近くに倶利伽羅峠がある。

源平の戦の口火を切った木曽義仲が、この峠で平家の軍を打ち破った。このとき、義仲は牛の角に松明をくくりつけ、狭い峠道を突進させた。

これを避けきれずに、平家の陣は破れた。この倶利伽羅塾（宿泊研修施設）には、大きく獰猛な火牛の彫像が飾られていて、この部屋に入ったとたん、見る人をどきりとさせる。

このあと、永平寺にまわり、帰途についた。

道元禅師が開かれたこの寺には、幾度も訪れている。この寺は、冬、雪をかぶった建物が、寒風の中に凛として立っている姿が、そのまま禅を思わせる。

今回は春なので、その厳しさは幾分和らいで見えたが、何時行っても、心が洗われる。

日吉大社

滋賀県大津市にある日吉大社は東西両本宮を中心に、数多くの社殿が鎮座している。

ここの分霊社は、三千八百余社にのぼり、全国に広がっている。ここはその総本山である。

西本宮、東本宮、宇佐宮、牛尾宮、白山宮、樹下宮、三宮宮を上七社と称し、重要な位置を占めている。

これらの宮の背後にある八王子山（牛尾山）を、神体山としている。

『神体山』（景山春樹著・学生社）によると、近世以降は大津市坂本にある比叡山を運営する延暦寺本坊が置かれ、天台座主はここに常住している。

山王上七社が日吉山王信仰の中心であり、さらに、「山王中七社」、「山王下七社」と併せて、山王二十一社の信仰組織が出来上がっている。

日吉は今、「ひよし」と呼ぶが、古くは、「ひえ」と呼んだ。日枝や、比枝と同じであり、比叡もここから来ている。

比枝大社の由緒書きによると、創祠は東本宮の御祭神大山咋神で、「古事記」に「この神は近淡海国の比枝山に座す」とあるように、神代の昔より、比叡山に鎮座する地主神である。

一方、西本宮の御祭神大巳貴神は、天智天皇の大津京遷都にあたって、大和国三輪山（大神神社）より、御神霊をお迎えしたことにはじまる、と記してある。

東本宮系の神事は、神体山を中心とする「みあれ」の神事（午の神事）と、農耕神的な性格を示す御旅所神事（未の神事）とから構成されている。

一方、西本宮の神事は、「申の神事」と呼ばれている。

三輪山から比叡の山口へ、勧請の過程を示す神事と、船路の御供を奉ずる「酉の神事」が、その根幹となっている。

都が平安京に移ると、京から見て、日吉大社の方角が東北に当たり、都の表鬼門になることから、都の鬼門除けの社とされた。

また、伝教大師（最澄）により比叡山に天台宗の延暦寺が建立されると、天台宗の護法神として、仏教とも深い関係を持つに至った。そして「日吉山王」と称されるようになった。

みあれ

卯月中の午の日（現在は四月十二日に限定）の夜半に、山宮を出発する牛尾宮（大山咋命荒魂）と、山宮（鴨玉依比売命荒魂）の御輿二基が、山を下ってくる。『神体山』によると、「みあれ」の祭祀は、精神の準備過程の上に立って、荒魂（あらみたま）から和魂（にぎみたま）へと完全に移行する祭祀形態に他ならないとしている。

山から神様が降りてこられるという言い伝えは、日本各地にあるが、この祭はその典型であろう。

富士山の浅間神社の火祭りでは、神社から松明をかざして、里の御旅所へ御輿が下りてゆくが、これも同じことである。

『霊山パワーと皆神山の謎』で述べた、長野県塩田平にも、同じ言い伝えがある。そしてここでは、潜象光を発している大明神岳・女神岳の二つの山と、それを受けて建てられた泥宮（本宮）と生島足島神社（新宮）という二つの神社が、一直線上に並んでいた。

これは山から神様が降りてこられるという伝説の裏付け、つまり山からの潜象エネルギーの流れがあることを証明している。そして、このことをわかる人が、神社を建てたのである。

比叡山

古代から霊山として、崇められている比叡山は、平安時代になって京都が都になると、この方角が前に述べたように、都の表鬼門に当たることから、都を守る重要な場所とされた。

延暦寺の由緒書きに依れば、桓武天皇の勅願によって延暦寺が建立された。建立したのは、最澄・伝教大師である。

もともとは、比叡山の山麓にある牛尾山が、鬼門除けの役を担っていたのであるが、比叡山に延暦寺が建立されて、この役割はさらにおおきくなった。

なお、日吉山王社境内にある生源寺は、伝教大師生誕の屋敷跡に建てられた寺である。

最澄は、十二歳で得度し、二十歳の時、東大寺で具足戒（比丘（びく）の守るべき一切の法。比丘は具足戒を受けた僧のこと）を受けて、比丘になった。

だがなぜか、最澄は当時盛んだった南都六宗に背を向けて故郷に帰り、比叡山へ登り、独学で仏教の研究を始めたという。

南都六宗とは、三輪、法宗、華厳、律、成実、倶舎を言う。

その後、延暦二十三年（八〇四）入唐し、天台山へ行き修行を積み、二年後に帰朝した。

帰国後、天台宗の開宗を桓武天皇に申請した。

しかし、南都六宗などの反対が強く、生前に戒壇設立の勅許は下りず、死後初七日にやっと勅許が下りたのである。

最澄の死後、多くの高弟によって、天台宗は発展していった。

特に、円仁慈覚大師の力は大きかった。唐に赴き、様々な苦難の末、天台教学を学び、帰国後、延暦寺座主となった。

大師は入唐時、天台山だけでなく、五台山で念仏も学んだし、法華、止観も学んだ。

比叡山の天台宗は、慈覚大師によって充実し、基礎が固まったのである。

こののち、第五代天台座主智証大師、第十八代天台座主慈恵大師により、さらに世に広まった。

慈恵大師の高弟恵心僧都源信によってあらわされた『往生要集』は有名である。源信は、天台浄土教を確立しているが、栄達を一切棄てて、横川に隠れ住んで、研鑽に励んだ。

中世の比叡山は、慈恵大師によって発展したが、天台座主の承継について、山門（延暦寺）と、寺門（圓城寺）との間で、しばしば対立と抗争が発生した。

これらの中で、本来あるべき仏教の姿を求めて、比叡山を去る僧が相次いだ。

その中には、鎌倉時代の新しい仏教を開いた法然上人、親鸞上人、栄西禅師、道元禅師、日蓮上人等がいた。

法然上人は浄土宗を、親鸞上人は浄土真宗を、栄西禅師は臨済宗を、道元禅師は曹洞宗を開いた。また日蓮上人は日蓮宗を開いた。


比叡山の横川（よかわ）駐車場から、横川中堂までの参道脇には、これらの方がどういう道を歩んできたかを、絵看板でわかりやすく説明してある。

比叡山が大乗仏教の母山といわれる由縁がここにもある。その後の日本の仏教を広めた方々の原点が、比叡山にあったことは、刮目に値することである。

この横川は、慈覚大師が一人庵を結んで、修行されたところである。法を求めて唐に渡り、帰国の際、船が海賊に襲われたとき、観音菩薩に助けられたので、この地に観音菩薩を祀る堂を建てたのが、横川中堂である。

その後、十八代座主慈恵大師良源（元三大師）の代に、横川は大きく発展した。


比叡山を代表する仏教の修行法に、千日回峰行がある。これについて、『比叡山』（比叡山延暦寺出版）には、概略次のように説明してある。

この行の創始者は、慈覚大師の弟子建立大師であるが、現在行われている形態が確立したのは、室町時代以降である。

この千日回峰行は、下根、中根、上根の三つに分かれ、それぞれ毎年、百日から二百日間、毎日30キロメートルから60キロメートルを七年かけて、比叡山中を行道、礼拝する行である。

第七年目の九百日行では、大回りといって、84キロメートルの洛中、洛外の行程が組まれている。

回峰行に出発するのは、午前二時、真夜中である。

下根は、第四年目の400キロメートルが終わったところまでで、次の中根の段階に入る。そして、五百五十日目に白帯袈裟を授与され、五百日を満行すれば、「白帯行者」として、杖が許可される。

五年目には、さらに二百日を修行し、「堂入り」と称される無道寺明王堂の参籠に入る。これは九日間の断食、断水、断眠などで、もっぱら念誦に専念する。

この七百日を満行すると、「阿闍梨」と称される。

続く上根の最初に、一年は毎日60キロメートルの行程の回峰行が百日あり、さらに次の年、九百日は大回りといって、京都洛中、洛外を加えた84キロメートルの行程となる。

同じく、最後の七年目の百日行は、毎日山上、山下の30キロメートルの行程となる。言ってみれば、ハードな運動をした後に行うクールダウンになる。

千日を満行すれば、「大先達」とも、「大阿闍梨」とも尊称され、京都御所へ土足参内して、玉体加持を行うことになっている。

この千日回峰行で歩く距離は、地球一周にあたる3万8千キロメートルになるという。『延暦寺』(平成十三年版)に依れば、これまでこの「大満行」を成し遂げたのは、四十七名に及んでいるとなっている。

比叡山からの潜象光は、伊吹山や、京都御所から視えたように、この周辺の山々の中では最も強い。

京都御所

平安京の鬼門封じのために、比叡山に延暦寺が創設された。

だから、比叡山と京都御所との関わりを、潜象光的に確かめておきたいと考えていた。しかし、京都御所は、宮内庁の直轄管理になっていて、事前に申請して許可を得なければ中へ入ることはできない。

ところが、毎年十一月になると、一般の参観ができる日が三日間ある。

この日を組み入れた京都御所、奈良、高野山ツアーがあったので、このツアーを利用することにした。

この日は、大勢の人が御所に入るので、大変混雑するのであるが、御所の中に入ることができる。

紫宸殿の庭のところで潜象光の様子を視るのが、一番よいのであるが、この場所は掃き清められており、入れない。それで紫宸殿手前の蹴鞠（けまり）をする広場のところで、潜象光を視ることにした。

目的は、比叡山からの潜象光である。ところが何度視ても、東北の方ではなくて、少しずれているのである（もちろん磁石の補正を行っての話である）。

立ちあがるオレンジ色の潜象光が、視えることは視えたが、期待していたほどの強い光ではなかった。

理由がよくわからなかったが、視る場所が少しずれているせいではないかと思った。

出口付近で、京菓子や御所案内を売っていたので、それらを買い求めて御所を後にした。

帰宅後、御所案内を見て、当初の御所は、別のところにあったことがわかった。それには、現在の御所は、平安時代の御所ではないと書いてあった。平安後期から戦乱の世となり、御所は焼失してしまい、元の場所に再建されることはなかった。

現在の京都御所は、里内裏の一つであった土御門東洞院殿が、一度焼失後再建し、拡張されたものである。元の内裏よりは、東に2キロメートル近く離れたところに位置する。平安京の歴史の後半五百数十年は、現在の京都御所が、皇居であったと書かれてあった。

最澄は、御所の鬼門封じのために、比叡山に延暦寺を建立した。ところが、地図上で調べたら、この位置関係は、正確には東北の方向45度にはなってなかった。

京都御所

現在の御所の位置よりも、さらに西に2キロメートル離れていると、その乖離はさらに大きくなる。

これが現在の御所の位置より、2キロメートル東の方であれば、正確に東北になる。場所は、現在の京都大学構内になる。最澄ほどの人が、方位を見誤ることはあるまい。

この違いをどう考えればよいか、多少迷ったのであるが、次のような考え方はできる。第一に、この山系では、比叡山の潜象光(エネルギー)が最も強いことである。そしてこの山系は、北方にある比良山の方へ伸びており、この間連続して、強い潜象光を発している。横川中堂付近にも、潜象光が集まっている。

もう一つの理由は、集中力の高い僧侶が祈れば、潜象光を集めることができるという例がある。それを御所へ送ったとも考えられる。山系としてみれば、鬼門の方向を示している。これは実際に、私が出羽三山で体験したことである。だから、比叡山でこのようなことがあったとしても、不思議ではない。

時代が変わり、今は鬼門封じの必要もなくなった。それでも今なお、潜象光はちゃんと京の街に届いているのである。

弘法大師と高野山

日本のお坊さんの中で、一番有名な方といえば、大抵の人は弘法大師空海の名を挙げるのではなかろうか。

弘法大師の業績は、全国各地を回って、お寺を建てたり、仏法を広めただけでなくて、温泉の湧くところを見つけたり、病人を癒したり、治水をやって民衆を助けたりなされた方である。今でも四国八十八カ所の巡礼は、連綿として続いている。もっともこれらのお寺の大半は前に建立されていたものであるが、これら各寺に空海が祈願して、仏像を刻んで納めたりして、巡礼の寺として定めたのである。多くの人たちが亡くなった家族の冥福を祈ったり、自らの罪業消滅を願って歩んでおられる。

この四国遍路の旅は、第一番札所竺和山霊山寺から始まる。この寺は、渦潮で有名な鳴門市の西部大麻町坂東にある。近くには、阿波一宮大麻比古神社がある。ということは、この一帯、潜象光の強い場所なのであろう。全国で一宮がある場所はどこも潜象光が強い場所なのである。

この寺は、聖武天皇（七二四〜七四九）の勅願寺として、行基が開いている。霊場を開くため、四国を巡っていた空海が、この寺で、釈迦如来を感得して、その姿を刻んで本尊としたとある。

遍路をする人は、ここで装束を整え、心がけを教えていただき、旅立ちをする。

この旅は、「同行二人（どうぎょうににん）」といい、弘法大師が、常に一緒に歩んでくださるという旅である。

ここから始まる巡礼（遍路）の旅は、第八十八番札所医王山大窪寺で終わりの結願となる。（香川県さぬき市）この寺も、養老年間（七一七〜七二四）に、行基が開基したと伝えられている。

途中にある第七十五番札所五岳山善通寺は、弘法大師の生誕の地である。
唐から戻った弘法大師が求聞持法（ぐもんじほう）の修法をして、薬師如来の像を刻んで、安置されている。
大窪寺が遍路の最後の寺であるので、ここに菅笠、金剛杖を奉納する。
習わしとしては、このあと、高野山の奥の院へ、お礼参りをすることになっている。

このように、多くの足跡を残された弘法大師とはどんな方だったのであろうか。概略を述べることにする。

空海はまた、仏教とは別に、優れた書家（能筆）であった。平安時代には優れた書家が輩出しており、当時三筆と称されていた。

嵯峨天皇、空海、橘逸勢の三人である。この他に、平安後期には、三蹟といわれる能筆家が出ており、有名な小野道風や、藤原左理、藤原行成がそうである。

このように空海は書の分野でも有名であった。司馬遼太郎の『空海の風景』（中央公論社）

を読むと、遣唐使に随行したとき、時化にあって船が流され、天皇からの親書が紛失して、予定した港につけず、唐の役人に受け入れて貰えなかった。その時、空海が書いた書が役人の目を引き、やっと一行は窮地を脱したと述べてあった。

「弘法は筆を選ばず」という諺がある。

この意味は、書の名人はどんな筆を用いても、立派な字が書けるという意味である。しかし、実際にはこれとまったく反対であったようである。弘法大師は、筆や墨、紙にいたるまで、非常に神経を使っておられたようである。筆など、わざわざ自ら職人を指導して作らせたり、題材になる詩や、文章によって、その雰囲気を出せる筆を選んでおられたそうである。

この弘法大師は、四国讃岐の出である。

空海は延暦二十二年修行僧として唐に渡り、その都長安（今の西安）の青龍寺東塔の恵果阿闍梨に真言の教えを受け、その奥義を究め、「阿闍梨偏照金剛」の称号を得られた。

弘法大師にお参りするとき、「南無大師遍照金剛」と唱えるのはそのためである。

密教の教えを、不変で不滅の輝きを持つ金剛石（ダイヤモンド）に喩え、その光であまねく人々を照らそうというのが、遍照である。

南無というのは、帰依する（教えに従う）ということであり、密教というのは、秘密仏教を略したものである。

普通の仏教を顕教と呼んで、密教と区別している。この顕教の意味は、お釈迦様の教えを順次修行してゆけば、悟りとなって現れる（顕れる）教えという意味である。

これに対して、「密教は、体験修法することによって、いきなり教えの庫（蔵）が開かれる。だから体験しないでは、物事の本当のところは秘密にされてわからない。だから秘密仏教と呼ぶのである」と、空海は弟子たちに説いている。

続いて、柿の実の話が出てくるが、この話はインドでお釈迦様が弟子たちに説いたものである。

「色付き始めた柿の実を見て、柿を食べたことのない人に、言葉でいくら説明しても、本当の味はわからない。食べてみて初めて柿の味がわかる。食べてみない限り、柿の味は秘密として隠されているのと、同じであるという意味である」と説法は続いている。

高野山は、平安京から１０５度の方向であり、裏鬼門に当たる南西の方向ではない。

したがって、鬼門封じに建てられたのではない。

しかし、高野山の持つ強烈な潜象光は、京の都に届いている。

祈りによって、潜象エネルギーが倍加されることは、出羽三山以来、幾度も経験しているが、この地は、そのエネルギーを京へ送る最適の地でもあったようである。

両者の距離は、約95キロメートルで潜象光波長の21倍と、ちょうどうまく合っている。

弘法大師は、日本各地を巡って、潜象光の強い場所を探し求めておられた。

言い伝えによると、青森県の名久井岳、長野県の独鈷山など、各地にその伝説が残っている。

高野山に寺院を建立されたのは、ここの潜象光が非常に強かったことを、物語っている。

もっとも、高野山の由緒書には、弘法大師がこの地を選んだわけについて、次のように記されている。

空海は、唐の都長安で、青龍寺東塔の恵果阿闍梨により、真言密教の奥義を究め、阿闍梨遍照金剛の称号を得られた。

そして帰国の途につくべく、港に着いたとき、船出の前に、将来伽藍建立の地を日本に示し給えと念じて、一個の三鈷を空中に投げられた。

帰朝後、その三鈷の落ちた場所を探して、今の大和の宇陀郡で、たまたま出会った猟師が連れていた犬に導かれて、山奥深く分け入ってゆくと、一人の女性に出会った。

この方は山の主で、最初に出会った猟師は、その息子であった。

この山の主に教えてもらったように、さらに山奥深く分け入って行くと、広い沢のある平地に出ることができた。

そこに生えている松の木に中国で投げた三鈷が掛かっていたのである。

空海は、「ああ、この地が伽藍を建立する地である」と、覚ったとある。

道を教えた女性は、丹生都比売明神であり、猟師は狩場明神であったという。

『空海秘伝』（寺林俊著・学陽書房）には、この地を選んだ理由として、次のようなことを挙げている。

空海は、若い頃、山中修行を数年間やっていた。あるとき、丹生川上流の紀伊山中で、丹（水銀）を採っていた羽栗麗人（のりひと）の縁で、水銀師定張と出会ったりしている。

空海自身も、その仕事を一時手伝っていたとも述べてある。

だから、唐に行く前に、空海は高野の地を、知っていたのではないかと、いうのである。

『空海の風景』にも、水銀師のことは「金剛峰寺建立修行録記」から引用した話の中に出てくる。

だから、かねてから、秘かに山上が平らで、広やかな山を探していたのではないかと、思われると書いてある。

これらの本とは別に、全国各地に空海が伽藍建立の適地を、探して歩いたという伝説はいくつもある。しかし、空海の年譜をたどってゆくと、中部地方や、東北地方まで歩いたという記録は見当たらない。

ただし、空海が、入唐前の数年間、記録されていない空白の時期がある。あるいはこの時期に、全国を歩いていた可能性もあり、一概に否定するわけにもいかない。

これらの伝説の中のいくつかは、高野聖が関わっていたと思われる。

その真偽はともかくとして、空海は山中修行の最中に、それぞれの山の霊気に、強弱があることを、覚っていたのではないかというのは、想像に難くない。

何年間も山中にあれば、そのような修練は自然に身に付くものである。

このような能力とあわせて、神仏の導きがあり、高野の地に辿り着くことができたのであろう。

高野山の由緒書きにある山の主・丹生都比売明神と出会う話は、本当のことと考えてもよいと思う。たぶん、意識の中での出会いであったろうと思うのである。

後で述べるが、奥の院の御廟のところで、強烈な潜象光が視えたのは、この地に集中している潜象エネルギーが非常に強いものであることを示している。

空海がこの山の霊気を、潜象光として意識してはいなかったが、非常に強い霊気があることとは、覚っていたと考えて間違いはないと思う。

高野聖

『空海の風景』によれば、空海が日本全国を歩いたという記録はないようである。ところが、日本各地に弘法大師が掘った泉とか、温泉というのがいくつも言い伝えで残っている。

このような空海伝説は、高野山を権威と信仰の拠り所にした高野聖が広めたもののようであると、書いてある。

この高野聖というのは、高野山への勧進（寄付・寄進）を勧めた僧たちのことである。本当の修行をした僧とは言い切れない人たちで、弘法大師の御利益を言い立てて、募金を募って全国を歩いていた。別名を、夜道怪（やどうかい）といわれたように、いかがわしい僧が大勢いたようである。巷に「高野聖に宿貸すな、娘取られて恥かくな」という噂が立つほどであったらしい。

もっとも、中にはきちんとした人もいた。歌人として有名な西行法師も、高野聖であったという。良くも悪くも、全国に散らばった高野聖によって、高野山信仰が広まったのは事実である。

これまでの私の旅は、霊山と神社が主体であった。これからもこのやり方はあまり変わらないと思うが、前回の信濃の善光寺と、比叡山延暦寺、そして高野山金剛峰寺は、別格である。

なぜかこの三寺は、私が訪れてみたいと思った寺院なのである。

まず比叡山であるが、比枝神社、八王子山などのことを書くと、このすぐそばにある比叡山を見過ごすことはできない。

それに、伊吹山から琵琶湖越しにこの山から立ち上がる潜象光が視えたので、この点からも調べる必要があったのである。

比叡山に対応している山として、高野山がある。ここには、空海（弘法大師）が開いた真言宗総本山金剛峰寺がある。

最澄（伝教大師）と空海は、平安時代を代表する高僧であり、二人とも入唐して、仏教を日本に持ち帰った方である。

さて、この空海が開いた高野山であるが、今回は、ツアーに組み込まれた訪問であったので、時間的には忙しい旅であった。

ツアーの一日目は、交通渋滞のせいもあって、京都御所から奈良へ周り、正倉院展を見て、高野山に着いたのは、午後九時になっていた。

宿は西門院となっていた。私は今は千葉県に住んでいるが、この院はいみじくも、千葉県からの参詣者の宿になっているとのことであった。このツアーには東京都など他府県からの参加者も多かったが、私にとってはぴたりの宿であった。

すぐに遅い夕食を摂り、旅の疲れもあって眠りについた。

翌朝は、六時半の勤行に参加した。別にお経を唱えるわけではなくて、ただ、お坊さんが勤行されるその後ろに、座っているだけであるが、朝の勤行は、初めての体験であった。

ツアーの人の内、十数人がこれに参加していた。

暗い中に座っているだけでも、何となくすがすがしい気分になれるものである。

合掌して、眼を閉じていたのであるが、お坊さんが唱えられる経文は、私にはわからない。

この状態で、三十分ほど座っていたが、お経が始まってから十分ほど経ってから、視界の上三分の一ぐらいがほの明るくなってきた。

特別強い光ではなかったが、漂う黄色い光であった。

このあと、朝食を済ませて、高野山を案内してもらい、金剛峰寺、奥の院などを拝観した。

奥の院

日本の各企業が建立した慰霊塔から始まって、豊臣秀吉、徳川家、加賀前田家のほか、戦国大名の墓所がずらりと並んでいる。

これらを過ぎると、御廟の橋の所につく。

ここが結界になっている。結界というのは、簡単に言うと、俗界と霊界との境である。もちろん線引きされているわけでもないし、目で見えるわけでもない。天皇家の墓所は、結界の奥にある。

私流に言えば、潜象界の中にいくつもある霊域の一つの境界線である。

この結界は、神社では、注連縄などで区分されていることが多い。修行を積んだ神官や僧侶の方には、この区分が自然に体得されるようである。

時には一般の方の中にも、この結界がわかる方がおられる。森の中の木々を撮影した写真を見て、結界が写っているとわかる方もある。

こういう写真は、撮影した方の心のレベルが高いとき、言い換えれば、森のエネルギーを素直に受けられたときの写真である。

そして、その写真を見る人の心の状態が、撮影者の心と同じレベルになっているとき、その写真の隠された部分を視ることができるのである。

よく「心眼で視る」という表現があるが、それに似たものである。

御廟の拝殿にもなっている燈籠堂のところでお堂に向かって眼を閉じた。

ここは「貧者の一燈・長者の万燈」の伝説で、有名なお堂である。

この話は、坪井の里の孝女お照が、自分の髪を切り、それを売って、養父母の菩提を弔うための灯明を供えたことを言っている。

するとこれまでとは違った光が視えてきた。周辺の薄暗いところに、無数にキラキラ光る赤い金粉が横一面に広がって視えた。この光の表現としては、赤い金粉（赤みがかった金粉）としかいいようのない光であった。

しばらくすると、この金粉は縦方向にも伸びてきた。そしてその中に黒っぽい人型が現れた。上には編笠のような形のものがあり、全体が黒かった。

このシルエットは、どなたかについては言うのを差し控えたい。お顔を拝見していないからである。いずれ、この方に向かい合って、お目にかかれる機会があるかも知れないからである。この場所は、周辺に木々に囲まれていて、あまり日の差さない場所であった。

このあと、御廟の中へ入った。地下へ階段を下がってゆくが、ここの照明はきちんとされてあった。

御廟の前に案内されたとき、一人の僧が菓子を供えに現れた。ガイドの人は、一日一回しかお供えしないその時に出会えたのは皆さんの心がけがよいからだと、たいそう喜んでいた。

ここには、大きな独鈷と数珠がおかれてあり、誰でもこれに触れて、御利益を受けることができる。

帰り際に、ツアーの人たちが全部出た後に、結界の橋（御廟の橋・無明の橋とも言う）の手前のところに立ち止まり、ふり返って御廟の方を向いて眼を閉じた。

すると、非常に明るい黄色とオレンジ色が交錯して横に広がって視えた。

それから立ち上がる潜象光に変わった。この光も強烈な黄色とオレンジ色であった。その中には、大きい渦がいくつも含まれていた。

普段、山の潜象光を視たときに含まれる渦よりも、大きい渦であった。ここの潜象光がいかに強いものであるかが、この渦でわかった。

高野山は、平安京から見ると、１０５度にあたり、南南西の方向である。だから裏鬼門ではない。したがって、鬼門封じではなくて、空海が、修行の場所として選んだ山である。だが、ここに発している強烈な潜象光は、京の方へ送られている。

祈りによって、潜象エネルギーが倍加されることは、出羽三山以来、幾度も経験しているが、この地は、そのエネルギーを京へ送る最適の地でもあったようである。

空海が日本に持ち帰った教典の中に、曼陀羅がある。

奈良の正倉院には、天竺国曼陀羅繍帳が保存されているから、空海だけが持ち帰ったわけではない。

しかし、空海は多くの曼陀羅を持ち帰った。この曼陀羅はマンチャラとも呼ばれている。

では、マンダラとは何かというと、一概にこんなものと簡単に説明しにくい。

辞典には、「画面に諸仏を描いた図形や、象徴的にあらわした記号を特定の形式で配置し、悟りの世界や、仏の教えを示した図絵」（大辞典）と説明してある。

私がこの曼陀羅に興味を持ったのは、二十数年ほど前のことである。原宿にあるラフォーレミュージアムで、アジアのコスモス・マンダラ展を見たときである。

その中には、チベットから持ち込んだ百数十枚のマンダラが展示されていた。

ふつう、日本の寺院で見かけるマンダラ（マンチャラ）には、如来像、菩薩像などが四角い枡や、円の中に沢山描かれている。

そして、胎蔵界の図、金剛界の図に区別されて、それぞれの世界に住んでいる仏が描かれているのである。高野山で見られるマンダラも、こういう図絵である。

原宿の展示会に出品されていたものも、多くはこのようなものであった。だが、これらとは別に、まったく違った図絵が展示されていた。

どんなものであったか、二、三例を挙げてみる。（注・この説明には、講談社『アジアのコスモス　マンダラ』を参考にした）

ジャイナ　コスモス

紀元前五世紀に、インドに興った宗教に、ジャイナ教がある。

ジャイナ教では、宇宙の創造、破壊を司る絶対神は存在せず、宇宙は永遠不滅と説く。

そして宇宙全体は、無限の空間である非世界に包まれ、五つの実態によって成立しているという。その実態とは、霊魂、運動、法、静止、非法、虚空、物質であり、場合によってはこれに時間を加えている（五つの実態とは少し異なるが、理由は不明）。

これを図形で示してある。図の中には、幾重にも重なった同心円の波動が示されていた。

また、これを無限分割の円相世界であると言っている。

私の印象としては、次元が幾層にも重なった潜象界の考え方と、相通じるものがある。

チベット　マンダラ

空海によって伝えられた胎蔵界曼陀羅や、金剛界曼陀羅は、七世紀にインドで出来上がり、中国を経て、日本にもたらされた。

この中には、仏像が描かれているが、私が注目したのは、図形としての曼陀羅である。このように言えば、信仰心の厚い方々には、不遜と思われるかも知れないが、このことはお許し戴きたい。

私は如来や菩薩を否定することはない。潜象光を視ていると、時に、神社の祭神のお顔が潜象光とは別に、空中に浮かんで視えることが幾度もあった。

三河の花沢の里では、村人たちがお経を唱え終わり、お堂から出てきた後、何気なく、この観音堂へ入ってみた。すると、お堂の中に、菩薩が来られた証みたいに、紫雲がしばらくたなびいていたのを視たこともあった。もちろんこの紫雲は、潜象光である。

だから、霊魂としての人間が存在することを知っているのである。

ただ、ここでは仏像の入った曼陀羅ではなくて、これまでほとんど目を向けられていなかった図形としての曼陀羅が、何を語っているかについて、述べたいのである。

そこには無限の同心円図や、これを組み合わせた方形の図、あるいは正三角形の図が、いくつも展示されていた。

無限の同心円というのは、やはり、潜象界の考え方と共通している。

聖域に潜む須弥山

この中で紹介されている曼陀羅は、中央には、北斗七星を背に坐す釈迦金輪仏が描かれている。

釈迦像の上部にある北斗七星の円の中には、それぞれ人物が描かれている。

そして、釈迦像の横には、頭部だけが光背を持った人物が描かれ、釈迦像の下には、光背を持たない人物が描かれている。

この図の北斗七星の図形を見ていると、なにやら、カタカムナの図形を連想するのである。

カタカムナの図形は、小さな円の中に記号で表されたものが、渦巻き状に描かれている。その円形の一つ一つが、ある意味を持っており、さらに渦巻き全体が、一つの自然現象を説明しているのである。

説明として現れた宇宙像は、曼陀羅とカタカムナとでは異なっているが、共通点も持っているように見受けられるのである。

残念なことに、曼陀羅の場合は、宗教的な説明が主体になっているので、宇宙を解く鍵は、どこかに隠されてしまっている。

高野山に所蔵されているマンチャラのなかに、このような図形が含まれているかどうかわからないが、これらを子細に見る機会があれば、また新たな発想が湧くかも知れない。

私は、チベット曼陀羅の幾何学的文様に隠されている話は何か？　ということに、興味がある。それには、潜象界のエネルギーのことが、示されているのではないかと考えるのである。これまで、曼陀羅の中に、このような宇宙の神理が隠されているとは、誰しも考えなかったであろう。

それは、曼陀羅といえば、仏教に関するものであるという先入観が、それを阻んでいたのである。

この高野山と周辺の山々との関係を、地図上で求めてみた。

潜象光を送っている山々を調べるためである。

高野山の東の方には、大峰山脈が連なっている。近畿地方でもっとも大きな山脈である。

大天井ヶ岳、勝負塚山、山上ヶ岳、大日山（稲村ヶ岳）大普厳、国見岳、行者還岳、八剣山（仏教ヶ岳）、頂仙岳、バリゴヤノ頭などである。

この方向の少し手前の方には、観音峰山、天狗倉山、高城山、乗鞍岳などがある。

この山塊の主峰は、山上ヶ岳のようで、この頂上には、大峰山上権現が祀られている。

南の方には、伯母子岳、鉾尖岳、護摩壇山などがあり、その手前の方には、荒神山、水ヶ峰などがある。

西の方は、紀伊水道を経て、四国に至る。

そこには、東祖谷山村に、剣岳が聳えている。この剣岳のさらに西の方へ、約１００キロメートルほどこのラインを延ばしてゆくと、面河渓で有名な石鎚山に到達する。

この二山は四国の有数の霊山である。弘法大師もこれらの山で修行されている。

北の方といっても、真北ではなく、北北東の方向に平安京や、比叡山がある。そして、比叡山ラインの先の方には、蓬莱山がある。

これらの中で、潜象光の関連が深いのは、次の山々である。

東の方は、観音峰山、山上ヶ岳、国見山、行者還岳、頂仙岳、八剣岳、天和岳、高城山、乗鞍山。

南の方は、荒神ヶ岳、護摩壇山。

西の方は、剣岳、さらに、石鎚山が関連が深い。

熱田神宮

伊勢へ向かう途中、名古屋の熱田神宮に立ち寄った。

ここには、熱田大神が祀られている。相殿は天照大神、素戔嗚尊、日本武尊、宮簀媛命、建稲種命である。

この神宮が有名なのは、三種の神器の一つ草薙神剣が祀られているからである。この剣は、日本武尊が伊吹山に登るとき、妃の宮簀媛の手元に留めおいて出掛けたので、媛のところに剣が残されたのである。

日本武尊は、伊吹山で重病にかかり、亀山市能褒野でみまかられた。媛はのちに熱田に社を建て、ここにこの神剣を奉納されたのである。今からおよそ、千九百年前のことである。伊吹山の章で、日本武尊のことを書いたが、熱田神宮はその延長線上にある社である。

本殿は真南に向かって建立されている。

ここで潜象光の様子を視た。本殿正面に向かって立ち、眼を閉じると、濃いオレンジ色が視えた。立ち上がる光も同じ色であった。その中に、淡く縞模様にピンク系紫色のすじが含まれていた。

そしてこの位置で３３０度方向と、45度プラスマイナス５度の方向に明るい紫色が視えた。本殿の背後には、白山がある。したがって、本殿の方に向かって立つと、白山からの光を受けることになる。明るく強い光が視えるわけである。

３３０度方向は、揖斐山系の山々（蕎麦粒山、千田沢山、笹ヶ峰など）である。なお、伊吹山は３１５度の方向に当たる。

45度プラスマイナス5度の方向は、南アルプスの宝剣岳、空木岳、木曽駒ヶ岳の方にあたる。いずれの山も強い潜象光を放っている山々である。

ここの祈祷所で「三ッ鈴」という珍しい鈴があったので、買い求めた。

これは、土鈴を三個ひもで纏めたものである。振ると澄んだ優しい音色であった。

古来より鈴は邪気を払うと信じられていた。ここの鈴は、厄除け鈴、社紋鈴、神鈴の三の鈴を一つに結びつけた鈴である。実際にこの鈴の表面にある文字と文様は、それぞれ異なっている。

今回の調査の旅の目的に一つに、天河神社の「美鈴」があったので、熱田神宮の鈴も目に付いたのである。

伊勢神宮

熱田神宮からは、名古屋市内には入らずに、伊勢湾北岸を経て、桑名、四日市を通り、東名阪自動車道の御在所サービスエリアに立ち寄った。

ここに立ちよった理由は、以前、ここで御在所山の潜象光を視たが、これを確かめたかったからである。この山は伊吹山の真南に当たり、伊吹山から視たとき、強い光がでていた。

前回と同じように、今回もここで強く明るい潜象光が視えた。前回も今回も空は曇っていたが、潜象光ははっきりと視えた。

この他、北東の方向（南アルプス）にも、幅広く強い光が視えた。


伊勢市に入り、まず豊受大神宮（外宮）に向かった。

社殿の前についたときにはすでに午後三時を少し過ぎていた。

ここの祭神は、豊受大神である。豊受大神は、天照大神のお食事を司る神である。またこの神は五穀豊穣・衣・食・住の守り神である。

社殿は南向きに建立されている。少しふれているが、ほぼ南である。社殿に向かって眼を閉じると、やや弱いが立ち上がる潜象光が視えた。色はオレンジ色である。

また、漂う潜象光には、これに加えて淡いピンク系紫色が視えた。

この方向には、白山がある。白山からの光と考えてよい。

この位置で３３０度方向にも、オレンジ色のほぼ同じような光が視えた。

30度方向には、綺麗な紫色が眼の前一杯に広がって漂っていた。しばらく視ていると、オレンジ色の立ち上がる潜象光も視えた。

３３０度方向は鈴鹿山系の山がある。また、30度方向には、御嶽山がある。こうしてみると、御嶽山からの光が強いことがわかる。

このあと、皇大神宮（内宮）へ向かった。

駐車場に車を入れ、参道を歩いたが、四十年程前に来たときよりも、いっそうにぎやかな門前市になっていた。

内宮の神殿のところについたとき、午後四時を過ぎていたが、潜象光を視ることはできた。ここには、天照大神が祀られている。日本の神様の中で、最高位にある神様である。

本殿に向かって立つと、ほぼ北向きである。（本殿は南向き）

ここで眼を閉じると、濃い紫色が眼前一杯に広がって視えた。その内にやや弱いが、オレンジ色の立ち上がる潜象光が視えた。

また、３３０度方向に、オレンジの濃い色が視えた。弱いが立ち上がる光もあった。30度方向には、濃い赤紫色が広がって視えた。立ち上がる光もあった。

再び正面に戻って視ていたら、ぼやけたオレンジ色の円が視えた。周辺は赤紫色であった。

このあと、平成二十五年に62回目の遷宮が行われる予定地のところへ行った。現在の社殿の左側にある空き地である。

伊勢神宮は、二十年ごとに、新しく社を建て直して、遷宮が行われるので、現在は空き地になっている。

この空き地のところで、何気なく眼を閉じた。すると、非常に明るいオレンジ色のたちあがる潜象光が視えたので、驚いた。

社殿の前で視た潜象光よりも、ずっと明るい光であった。なぜそうなのか、理由はわからないが、不思議な話であった。

帰宅して数日後、妻が何気なくＮＨＫのＢＳ２を見ていたら、次回の遷宮は平成二十五年であるが、その準備のため、今年（平成十八年）から御用材の搬入が始まった様子が放映されていた。

これは御木曳きと呼ばれ、地元住民が揃いの法被姿で、木遣りを唄い、御用材を両宮に曳き入れる盛大な行事である。

熊野本宮大社

前日、尾鷲に泊まり、熊野へ向かった。熊野本宮大社へ行くためである。

途中、七里御浜と呼ばれる海岸にそって、国道42号線が走っており、窓から眺める景色がとても美しかった。

青空が海に映えて、海の青さが際だって美しく見えた。

私たちが訪れた二日後に、花火大会が予定されていて、堤防のところに桟敷席が準備されていた。

近年、熊野古道が世界遺産に指定されてから、熊野三山（本宮、新宮、那智）と古道を歩くツアーが盛んになった。

今回の私たちの旅は、このツアーのようなコースではなくて、熊野本宮だけを対象にした旅となった。

和歌山県田辺市本宮町にあるこの社には、第一殿伊邪奈美大神、事解之男神、第二殿伊邪那岐大神、速玉大神、第三殿家津御子大神（素戔嗚尊）、第四殿天照大神が、上四社として祀られている。なお第一殿と第二殿は一つの社になっている。

ここの主祭神は、家津御子大神である。なお、この他に、中四社、下四社がある。

戦前であれば、歴史書の中で、神武天皇東征のおり、道案内を勤めた八咫烏が、熊野大神の神使として有名であった。

この第一殿から第四殿までは、一列に並んでおり、どこの神殿に向かっても方向は同じである。私は第三殿の前で眼を閉じた。この方向は３４０度の方向であった。

すると立ち上がる潜象光が視えた。オレンジ色に淡い紫色が混じった光であった。

本殿の右横90度の方向、および70度の方向（磁石の方位）にも、これと似た潜象光が視えた。オレンジ色の強い光であった。紫色は社殿正面よりもやや濃い色であった。

この340度から90度まで連続して、明るいオレンジ色が視えた。特に、25度、30度方向が鮮やかであった。

もう一度本殿の方に戻って視たら、今度は赤紫色と、オレンジ色が強くなった。本殿右手の方は、オレンジ色が強かった。

この他、社殿の左側90度から正面方向にも、潜象光が視えた。右側よりもやや弱い。この場所は360度全域にわたり、主にオレンジ色が見えた。さすがに霊域である。

十津川・天川・洞川

熊野本宮大社を出て、熊野川沿いに十津川へ向かった。

瀞八丁の景観は有名であるが、車ではこの景観を見ることはできない。瀞八丁の遊覧船は、宮井大橋から支流の川を遡ることになる。

車から見える川筋は、比較的砂利の多い緩やかな流れのところが多い。

大分以前になるが、プロペラ船でこの川を遡ったことがあるが、今回は割愛した。ゆったりした川の流れもまたよいものである。

十津川郷は、建武の中興時代、大塔宮護良親王の挙兵、幕末の天誅組として十津川郷士の蜂起など、歴史の変革期に関与していることで有名な土地柄である。

今回宿を取ったところの女将も、そういう郷士の流れを汲む方といった風格を感じさせる方であった。

翌朝、今回の最終予定地である天川村へ向かった。

この付近は、大峰山系の中心、天井ヶ岳、弥山、八剣山などに近い場所である。

そして、役行者が、修験道修行の場所として、開いたところなのである。

高野山を訪れた際、東から東南にかけて、強い潜象光が送られてきていることを知ったが、それがこの大峰山系なのである。

また、飛鳥地方から潜象光を視たときも、南の方、つまり吉野山の奥、大峰山系からのものと思われる潜象光が強く視えていた。

これらのことから、ここを訪れてみたいと思っていたのである。


ここには天河弁財天を祀った神社がある。竹生島、厳島、江ノ島と共に、四大弁天とも呼ばれている由である。

縁起によると、役行者が大峰山に修験道場を開くにあたって、祈祷したら、最初に現れたのが弁財天であった。

しかし山上ヶ岳は女人禁制なので、天河に祀ったとある。

ここには有名なものが二つある。

一つは能楽堂である。本格的な能楽堂が本殿の前に建てられており、室町時代には、世阿弥が能面を奉納したと伝えられている。八月の大祭には、観世座の能が奉納される。

もう一つは、美鈴である。

普通の神社では、拝殿のところに大きな鈴が吊ってあり、ひもを引いてこれを鳴らすのであるが、ここに吊ってある鈴は、普通の鈴と大きく違っている。

平べったい鈴が三つ、平面的につながれている。

ひもを引いて鈴を鳴らしてみた。ごろごろというような音であった。こういう形の鈴は、独特のもので、よそでは見掛けない。

私がこの鈴のことを知ったのは、内田康夫氏の小説であった。どんな鈴か気になっていたので、機会があれば訪れてみたいと思っていた。

この形が何を意味するかは、これから考えることになるが、三相モータの形に相通じるものがあるのである。

この神社の三鈴の説明は、次のようになっている。

神代鈴（カミヨノミスズ）

三魂精神の意

この神代鈴は正式には、五十鈴という。生活行動の根本規範として、「神理天則（カミノリゴトテンノノリ）」のもとにあって、生命的に「三位一体」の実質実体を有するところの原器である。「鈴」の一字だけを取りだしてみると、言霊学的には、「霊」とか「繁栄」といったような意味になる。

天御中主神は、「カクリミ」の神として、田の神々の場合と同じように、体・用・相を具え、実質と御神力、御実効を持ち、しかも「天神」と一体として、認識すると同時に、天照大神以前の諸々の神々を代表する超越的唯一絶対であり、大宇宙の根本精神として、言霊のまにまに「一神」として、信仰されている神である。

よって、高御産巣日神（タカミムスビノカミ）と、御産日神（ミムスビノカミ）の二神と共に、生魂（イクムスビ）、足魂（タルムスビ）、玉留魂（タマズメムスビ）の三魂、即ち霊魂間で、もっとも基調となる三魂（ミムスビ）として、これを「一神二霊三魂」として崇められ、「表裏一体的」な関係において、生成化育を司る「むすびのかみ」である。

「生魂」とは、「生成発展」してゆく「自性」の結びの一端をさし、この境地を自覚する「境地魂」でこれを「根本霊子」という。

美鈴

「足魂」とは、霊子としての「生魂」が、生成発展して、同類が相集い、同気相寄り、同性相助け、異性は互いに相牽引する原則に従い、足が上にもたらしめ、足が上にも満たせようとする「充足具足的な自性のムスビ」の一端を言い、この境地を自覚する「境地魂」としての霊子を言う。

「玉留魂」とは、生成発展を表徴する霊子としての「生魂」の働きが、充足具足を表徴する「足魂」の境地に伸展し、その働きが遂げられて、次第に「主宰統一」的自性のムスビの働きを、その境地において自覚する「境地魂」である。

以上の如く「生魂」「足魂」「玉留魂」の三魂は、鎮魂神としての「奥三神」であって、大自然の循環法則として、教えられる人間の五官（五感）を超越した生成発展のための神理である。

この「三位一体」の根本理念から、幸魂（サチミタマ）、奇魂（クシミタマ）、真魂（マミタマ）」の三魂が「三種の神器」の源になっている。

概略このような説明になっている。難解であるが、三鈴とは、五十鈴のことであり、五官を超えた大自然の原理（コトワリ）を、三種の鈴で表現したと理解されればよいと思う。なお、ここの三鈴は熱田神宮の鈴とは、その形状からして、まったく異なっており、区別して考えねばならない。

本殿の中は薄暗くて、潜象光を視るには適していなかった。それに、信者の方が数人、瞑想をしておられたので、本殿内での潜象光の調査は避けた。だから本殿下の広場から、本殿の方向（１２０度方向）を向いて眼を閉じた。綺麗なピンク系紫色が目の前一杯に広がった。その後、立ち上がるオレンジ色の光に変わった。強い光ではあったが、その中に渦はなかった。

この位置で、５度の方向にも、これと同じような潜象光が視えた。それが左の方、３２０度ぐらいまで連続して視えた。ただし光の具合は少し落ちた。２７０度方向も同じであった。なお、２８０―２９０―３００の方向で、黒っぽい龍の姿が現れた。数匹で乱舞しているように視えた。歓迎してくれたのである。本殿の中ではなくて、本殿の反対側であったのが珍しかった。

また、１３０度方向にも、立ち上がる潜象光が視えた。２３０度方向も同じであった。この方向に漂う光は紫色であった。

この他１８０度方向、１４５度方向、90度方向も同じであった。さすがに大峰山系の山々からの光は強いものであった。

次に、洞川に向かった。同じ天川村にある洞川には、竜泉寺がある。

ここは役行者が発見したといわれる泉があり、八大竜王を祀ったのが始まりといわれている。そして、修験道の根本道場となった寺内の冷泉では、水垢離ができ、大峰山へ入峰する前の水行場になっている。

ここで潜象光の様子を視たのであるが、これまでとは違ったものであった。

本殿手前のところで、本殿に向かって立つと、明るいオレンジ色が目の前一杯に視え、立ち上がる光も強かった。

ところが、お堂の中へ入り、再度眼を閉じたら、これまでとは違った青い光が視えた。この青い光がお堂の中一杯に広がっており、そう強くはなかったが立ち上がる光も青かった。

これまで青い光を見ることは滅多になく、東北地方の鳥海山の山麓の神社で、青黒い光を見て以来のことであった。

今回の青色は、黒っぽくはなくて、澄んだ青色単体であった。

お堂の外側で視た光が明るいオレンジ色であり、お堂の中では、青い光であったことが不思議であった。何か、役行者の妖術に遭ったような気分であった。

ここ洞川には、名水百選に選ばれた湧水群「ごろごろ水」がある。湧水池には行けなかったが、近くの道の駅で、このごろごろ水を飲むことができた。美味しい水であった。

竜泉寺

明日香周辺・二上山・葛城山・三輪山

早朝羽田空港を出発し、関西空港に降り立った。この空港は私にとって、感慨深い空港である。

まだ日本航空で現役の頃、この空港の建設計画に一時期関係していたことがあった。リニアモータ・カー開発チームからしばらく外れて、空港計画を担当していた時のことである。当時、運輸省（現国土交通省）は三大空港計画という巨大プロジェクトの同時進行を図っていた。羽田空港の拡張、新ターミナルの建設、成田国際空港の拡張計画、第二ターミナルの建設、そして関西国際空港の新設計画である。

この三つの空港計画について会社としての見解を示すのが私の担当であった。このうち運輸省が最も困っていたのが、関西国際空港の建設計画であった。

何年にもわたって、建設計画の事前調査を行い、工事案を作成し、大蔵省に建設予算を申請しても認めて貰えず、建設着工は見送られたままであった。

運輸省は日本航空に対して、着工の可否についての意見を求めた。それに対する私の最初の答えは「ノー」であった。最大の理由は膨大な建設費の償却を試算してみると、通常の着陸料、その他航空会社が支払うことになる空港使用料は、世界で一番高いといわれていた成田国際空港使用料の数倍になることが判明したからである。これでは航空運賃が高くなり過ぎ、運航することはできないと判断したからである。

これを妥当な線に抑えなければならないが、当然のことながら建設費の償却はほとんど不可能に近かったので、大蔵省が建設の「GO」サインを出さなかったわけである。

私はとりあえず、この結果を航空局に伝えた。その時現れた飛行場部長の顔を見て驚いた。彼はその昔、監督課長であった。この数年前、リニアモータ・カー開発時、彼とは極めて不愉快な話をしたことがあったのである。

それはその鍵となっていたリニアモータに関して、通産省工業技術院の開発補助金の申請をしていたときであった。通産省は申請を認める方向なので、日航の所轄官庁である運輸省の諒解をとって欲しいとのことであった。

ある日突然呼び出しがあり、私が運輸省に赴くと、航空局監督課長は大声を上げて、怒鳴り散らしたのである。「日本航空がリニアモータ・カーを開発すること自体けしからん。即刻やめてしまえ。自由民主党の先生方が大分肩入れしておられるようだが、いつまでも自民党が政権の座にあるとは限らない。どうしてもやりたければ会社を辞めてやれ」と、様々な暴言を吐いたのである。

当時の詳しい話は、別途、『リニアモータ・カーへの挑戦』に書く予定である。

この事件があって、しばらくしてから監督課長は別の人に代わったのであるが、私の目の前に現れた飛行場部長は、その昔の監督課長その人だったのである。さすがに、以前の話に触れることはなかった。ただ、建設不可ではなくて、どうしたら建設が可能になるか、その検討をお願いしたいとの要請があった。

それから約一ヶ月後、再度運輸省に出向いて提示した私の案には、これなら何とかなると受理された。その骨子は二つあった。一つは建設費の借入金の利子に対する取り扱いである。莫大な建設費の利子は建設期間が長いことと相まって、収支計画を大きく圧迫するので、建設期間の利子を免除すること（無利子）、開港と同時に利子の支払いを開始するということであった。もう一つは受益者負担の問題である。それまで受益者とは航空会社だけであった。

私はこれに地方自治体も含めるべきであると主張した。空港のある地元には、固定資産税他、色々な税収が大きく膨らむことを知っていたからである。この二つを柱にして、さらに地元企業に出資を要請すれば、借入金の額が減り、リーズナブルな期間で、建設費の償却が可能と結論づけたのである。

この計画案を見た彼は、「これは使える」と一言いい、その日の話は終わった。

そしてこの考え方に沿った運輸省の関西国際空港建設計画案は大蔵省に送られ、年末の予算案折衝は終わり、翌年度には正式に建設費が計上されたのである。

空港に着いたとたん、このようないきさつがあったことを思い出したのである。関西国際空港の立地条件は、必ずしも良好とは言えないが、伊丹空港の拡張ができない以上、この場所しかなかったようである。

この空港に着いて、その昔私の人生の中で起こった波乱の一ページを思い出したのである。

関西国際空港から、電車で大阪の天王寺へ行き、近鉄に乗り換えて、二上神社口で、下車した。二上山の様子を視るためである。

駅を出て、坂になっている細い道を登ってゆくと、国道165号線が現れる。この道を横切って、山側に出る。ここからは二上山の雄岳は見えるが、雌岳はよく見えない。国道に沿って東南の方へ歩いてゆくと池があり、この辺まで来ると、雌岳の山頂も雄岳に並んで美しく見える。雌岳は雄岳に比べて大分低い山である。

池を隔てて、二上山の潜象光の状態を視てみた。全般的には淡い赤オレンジ色と、黄色の潜象光が漂っているのが見えた。立ちあがる潜象光もあったが、そう強い光ではなかった。

二つの峰を比べると、雄岳の方が強い光であった。しばらく視ていると、手前の池の水面あたりから光が立ちあがっているのが視えた。天気も曇であったせいか、事前に予想していたほど強いものではなかった。

二上山は雄山（517メートル）と、雌山（474メートル）の二峰からなるので、フタカミヤマと呼ばれてきた。

奈良時代、皇位継承争いの中で、大津皇子が謀反の疑いを受け、無念の死を遂げた。そしてここに埋葬された。

この山からは、凝灰岩、石榴石（金剛砂）、サヌカイトなどの火山噴出物が多い山である。これらの鉱石は、古くから掘りだされて、この地方の産業や経済に寄与している。そのためか、この山からの潜象光は、期待していたほどの明るさはなかった。

この二上山は、役行者が開いた葛城修験道の第二十六経塚になっている。このことと照らし合わせてみると、もう少し潜象光が強く出てもおかしくないのである。

この例は東北地方にもある。岩手県の姫神山がそうである。この山は、なだらかな稜線を持つ富士山によく似た美しい姿をした山であり、岩手山と早池峰山とが取り合いをしたという伝説の山である。

以前はもっと強い潜象光を発していたと思われるが、この山にあった水晶が、大量に発掘され、山の美しい姿は変わらないが、山を構成している鉱物が、大量に採取されたためか、現在視える潜象光はそんなに強くない。二上山もその例の一つであろう。

二上山神社口に戻り、さらに電車で尺度へ行き、ここで乗り換えて御所（ごせ）へ行った。葛城山へ行くためである。ロープウエイの駅まで行くバスは出たばかりで、待ち時間がありすぎたので、タクシーに乗った。葛城山頂へのロープウエイは一時間に二本である。

少し時間があったので、麓の駅付近で、潜象光の様子を視てみた。立ちあがる潜象光もあったがそう強くは視えなかった。一つは山に寄り過ぎているので、山全体の光を視るのに適していなかったこともある。ただその中には、少しキラキラする光を含んでいた。ここでは葛城山の方向よりも、少し左側の方向に強い潜象光が視えた。霧で山の様子は分からなかったが、金剛山の方向である。

金剛山は葛城山系の主峰である。さすがと思った。この金剛山は西側山麓に、南北朝時代に、楠木正成が立て籠もったことで有名な千早城趾がある。

この葛城山系には、葛城古道がとぎれとぎれではあるが現在でも残っている。

奈良時代に、役行者（役小角）によって開かれたという葛城山系の修験場は、修験者（山伏）にとって、一度は修行に行かねばならぬといわれている山である。

『葛城の峰と修験の道』（中野栄治著、ナカニシヤ出版）には、謡曲「葛城」に、奥州羽黒山から山伏が葛城に入山する物語や、『梁塵秘抄』に「大峰、葛城、箕面、勝尾、書写山（ソキノヤマ）、那智新宮、……」と、平安時代の修験道の行場があったことを、紹介してある。

この葛城修験道は、和歌山県加太湾の沖にある友ヶ島から始まる。ここに役行者が法華経二十八品を、経筒に入れて埋めたとされる経筒の序品屈（第一番目の経塚のある場所）があり、海を渡って次第に葛城山系に入る。そして、柏原市大和川の亀ノ瀬で終わる。この間の行程は、二十八里（112キロメートル）になる。またこの中に、七十四カ所の行場が定められている。

葛城山のロープウエイ山上駅に着き、周辺の潜象光を視た。10度から60度の方向に、全面にわたって、明るい紫色、黄オレンジ色の光が漂っていた。この方向は明日香の地一帯である。10度、30度、60度の方向には立ちあがる潜象光も視えた。

10度の方向（地図上3～4度）には、生駒山系がこの方向にほぼ沿うように連なっている。

30度方向（地図上23～24度）は、大神山の西側を通り、琵琶湖を超えて伊吹山地に至る。

60度方向（地図上53～54度）は、笠置山地、神野山を経て、鈴鹿山系の霊山に至る。

ロープウエイの降りる方向に、畝傍山がほぼ正面に見える。上から見下ろすと、地上で見るのとは違ったなかなかよい景色である。尚、御所駅に戻る途中、畝傍山と耳成山とが綺麗な三角山に見える場所もあった。タクシーの運転手の話では、この山はツツジで有名で、花の時期にはマイカーとバスで大混雑になるそうである。道路幅が狭いので、その混雑ぶりが想像できる。

この後、電車を乗り継ぎ、橿原神宮へ向かった。畝傍山へ登るためである。橿原神宮は広壮な社で、格式の高さが窺い知れる。畝傍山へ登るには、社殿右側を少し行ったところに登り口がある。

大和三山では一番大きな山であるが、標高は198・8メートルとさほどでもない。ウォーキングにちょうどいいのか、山道では二十人ほどの人に出会った。

山頂は木々に覆われている場所が多く、見渡しがそうよい方ではないが、耳成山はよく見えた。頂上で視えた潜象光の状況は次のようであった。

磁石で240度の方向にある山の横にたなびく光は、濃い紫色と黄オレンジ色で、紫色の比率が多かった。立ちあがる潜象光もほぼ同じ色であった。この方向は葛城山の方向である。この山の右手前にある山からも同じような色の潜象光が視えたが、左側の山の方が強い光を出していた。

ここから耳成山は50度の方向である。潜象光は始めそんなに強い光ではなかったが、しばらく視ていると、次第に明るくなり、濃い紫色とオレンジ色との漂う光になった。但し、立ちあがる潜象光はそう強くなかった。

香具山は木陰になって、あまりよく見えなかった。潜象光の方は、黄色主体の漂う光が視えた。此方の方は立ちあがる潜象光もはっきりと視えた。

ここから80度~１１０度の方向は、国見山、倶留尊山、室生、赤目の方向であり、全面にわたって、明るい黄オレンジ色が視えた。またこの方向には紫色も混じって視えた。

山を下りて、橿原神宮社殿手前から、畝傍山を視ると、太陽が出て明るくなったことも加わって、これまでで最も明るい黄色、オレンジ色が一杯に出ていた。立ちあがる潜象光は少し黒ずんでいたが、濃い目の赤オレンジ色であった。

翌日、三輪山へ出掛けた。奈良市からここへ行くにはJR桜井線で三輪まで乗る。奈良駅を出るとすぐに京終(きょうばて)という駅がある。この辺りの人にとっては、この地名目新しいものではないが、私には珍しい地名であった。昔平城京の端っこ、京（ミヤコ）の境界になっていたところだったのだろう。京の終わり（果て）からキョウハテとなり、さらになまって、キョウバテと呼ぶようになったと思えて、興味深かった。次の駅帯解(おびとけ)という名も何となくなまめかしい感じであるが、実際には、次のような訳がある。

ここには、帯解寺がある。昔、妃が身籠もられたとき、ここに祈願して、安産できた。この功徳に因み、伽藍が建立されたので、この名になった。

三輪で下車し、大神神社（おおみわ）へ向かった。三輪山は標高476メートルのなだらかな山容である。この山は神体山なので、本殿はなく、拝殿と、祈祷所等がある。

この神社は大和国一宮、三輪明神大神神社と呼ぶ。延喜式大社、官幣大社として、格式の高い社である。祭神は大物主大神で、大巳貴神（おおむちのかみ）、少彦名神（すくなひこなのかみ）を配祀してある。

三輪山へ登るには、大神神社拝殿左脇から、奥の方にある狭井神社の登山口から登ることになる。カメラ、スケッチ厳禁ということで、カメラを預け、入山の印の白いたすきを頂き、登ることになる。急坂が多いとのことだったので、竹杖を拝借した。

この山は外見はなだらかな山容なのであるが、いざ登ってみると、いたるところ、急坂である。登山道は階段状に造られているが、勾配は急なところが多かった。

登り始めてしばらくすると、滝がある。ここは信者の方の祈りの場である。ここでしばらく休息し、さらに登りを続けた。登る前に社務所で、登り一時間、下り一時間と言われたが、登りは相当に苦労である。杖を借りてきたので助かったが、杖がなければ、一時間ではとても登れなかった。

途中、ところどころ岩に注連縄が巻いてあったが、磐座（いわくら）なのであろう。頂上の辺りは、奥の方へ細長く平になっている。手前の磐座のところは四角に囲ってあり、小さな社が祀られている。この先に、三角点があると聞いてきたのであるが、確認はできなかった。一番奥のところには、磐そのものは数十個に割れているがまとまって小高い磐座になっている。ここの周りはロープで囲ってあり、中には入れない。この磐座の脇を少し歩いてみたが、そこはもう下りになっていたので、磐座のところまで戻った。

この磐座の手前にある小さな社に向かって立つと、約四十五度の方向になる。ここで潜象光の様子を視てみた。すると、通常視える潜象光とは大分違って視えた。何時も視える立ちあがる潜象光はあったが、これが視えた後、黒い円の周りに光がちらちらと視えるのである。ちょうど、皆既日食の時の太陽を見た感じなのである。

これまで日輪そのものの形をした潜象光は何度か視たが、このように黒い円に視えたのは初めてであった。

この光のことであるが、なぜ、黒い円になったのであろう。

皆既日食を思い出して欲しい。肉眼で太陽を見ると、光が強くて、数秒しか見られない。それ以上見ていると、目の網膜が焼けてしまう。皆既日食の時でも、通常は煤でいぶしたガラスをかざして、太陽を見る。

このとき、もし潜象光の太陽がそのまま視えていたら、光が強すぎて、とても視ていられれなかったであろう。

三輪山の神が、その配慮をしていただいたのであろうと、思った。黒い円の周辺に、無数の金色の潜象光が、視えたことからこう推察した。

それから右側上の方から、「く」の字を縦に二つつなげた形で青黒いものがゆっくり降りてきた。目らしきものも、また、角らしきものもなく、蛇身のようであった。この山には白蛇が棲んでいるということは聞いたことがあったが、白い色ではなかった。白い色のものは、数年前、青森の岩木山で視たことがある。確か白龍であったと思う。

しばらくして、潜象光を視たお礼を言って、再度、眼を閉じて、磐座の方へ向いたら、今度は眼前一杯に、非常に明るい黄色の光が視えた。本来の山の持つ潜象光である。

帰り際に、手前の磐座の小さな社のところで潜象光を視てみた。約百四十度の方向になる。奥の磐座の時と同じように、黒い円が視えたが、円の外側にやはりちらちらと黄色の光が視えたが、ここではさらに円の中心から、放射状に金色の細い線が数十条視えた。奥の磐座よりもこちらの方が光は強いのである。

この山は麓から頂上に至るまで、樹木に覆われているので、周囲の景色はほとんど見えない。下山途中、ちらりと耳成山が見えただけであった。道が急な階段状の坂になっているので、下山にも結構時間が掛かった。普通の山であれば、上り一時間なら、下りは40～45分ですむが、ここではそういかなくて、五十五分掛かってしまった。社務所で聞いた時間通りであった。

降りてから、拝殿のところでお礼を言って、その脇の所へ行ったら、薬井戸があって、御神水がこんこんと湧いていた。頂いたらとても美味しい水であった。お水を頂いて拝殿の脇を通ったら、「天津金木」の祈祷板が三宝の上に置いてあった。この神社では天津金木で祈祷をされるようである。おやと思って、祈祷所で訊ねたらそうであるとのことであった。

大分以前になるが、私は大石凝真素美翁の算木のことを少しばかり知っていたので、「天津金木」を組んだりされるのですかと訊ねたら、算木を組むことはしないとのことであった。同翁の著書の中には「大和三山之御歌」の章があり、大和三山は三種の神器の鎮台(うてな)であるとか、天津金木の元の字を「天造之神寄木」と書かれてある。つまり、天が造られ、それに神が宿る木の意味がよくわかる。

大神神社の帰り際、参道脇の食堂に立ち寄り、遅い昼食を摂った。名物の三輪そうめんである。暖かいにゅうめんを頂いた。中味はそうめんであるが、暖かいものはにゅうめんと呼ぶのである。冷たくして食べるのはそうめんと呼ぶ。

大和三山と藤原宮址

三山の一つ耳成山に登った。標高139メートルとさして高くない山であるが、盆地の中央にポツンとあり、姿も三角形の美しい姿なので、いい山だなあと思う。大和三山の構成からみると、造山ではないかと思える山であるが、山を形作っている岩石は、畝傍山と同じく、花崗岩と安山岩である。

大和三山は綺麗な二等辺三角形をなしているが、この耳成山の真北に平城京が造営されたことから、平城京との関わりもある。

この山も頂上付近まで樹木が生い繁っていて、見晴らしはあまりよくないが、潜象光を視てみると、薄曇りで陽は射していなかったが、至るところから光が来ていた。視た場所は頂上の三角点のところである。全般的に黄オレンジ系の光であったが、180度方向は紫色の光であった。290度の方向は淡い光で白っぽい色であった。また、淡いピンク系紫色が加わっていた。350度方向は黄色い光であったが、そう強くはなかった。また20度方向はピンク系紫色とオレンジ色のそう強くない光がでていた。全体が樹木の中で視た光なので、明るさは実際よりも少し落ちていたようである。

大和三山が成す二等辺三角形の重心位置に藤原宮址がある。ここは大和朝廷の最初の本格的な宮殿・都づくりが行われたところである。

この京は南北約3・3キロメートルメートル東西約2・2キロメートル大きさを持つ都市である。

最近は、発掘作業が進んで、都の規模はさらに広がっている。

造営は天武・持統両天皇によってなされている。しかし、この京は僅か十六年間しか存続せず、七一〇年には北の平城京に遷都されている。

私が藤原宮に興味を抱いたのは、この宮の大極殿跡の位置である。大和三山が正確に二等辺三角形を構成していること自体、不思議なことである。

山地が連なるところで、山の頂上が正三角形や、二等辺三角形をなすところは、東北地方から中部地方にかけて、いくつかあった。

ところが、この大和三山は、それらの山々と大分違っている。奈良盆地の平らなところにこの三山は存在する。特に耳成山は円錐形の山で、二等辺三角形を形成させるために、わざわざ造山されたのではないかと考えたくなる山である。実際には、この山を形成している岩石が、畝傍山と同じく花崗岩と安山岩であることは、火山性の山であることを物語っている。

また、香久山は斑糲岩と花崗岩とから成っている。近くの山であるが、岩石の成分は違っている。

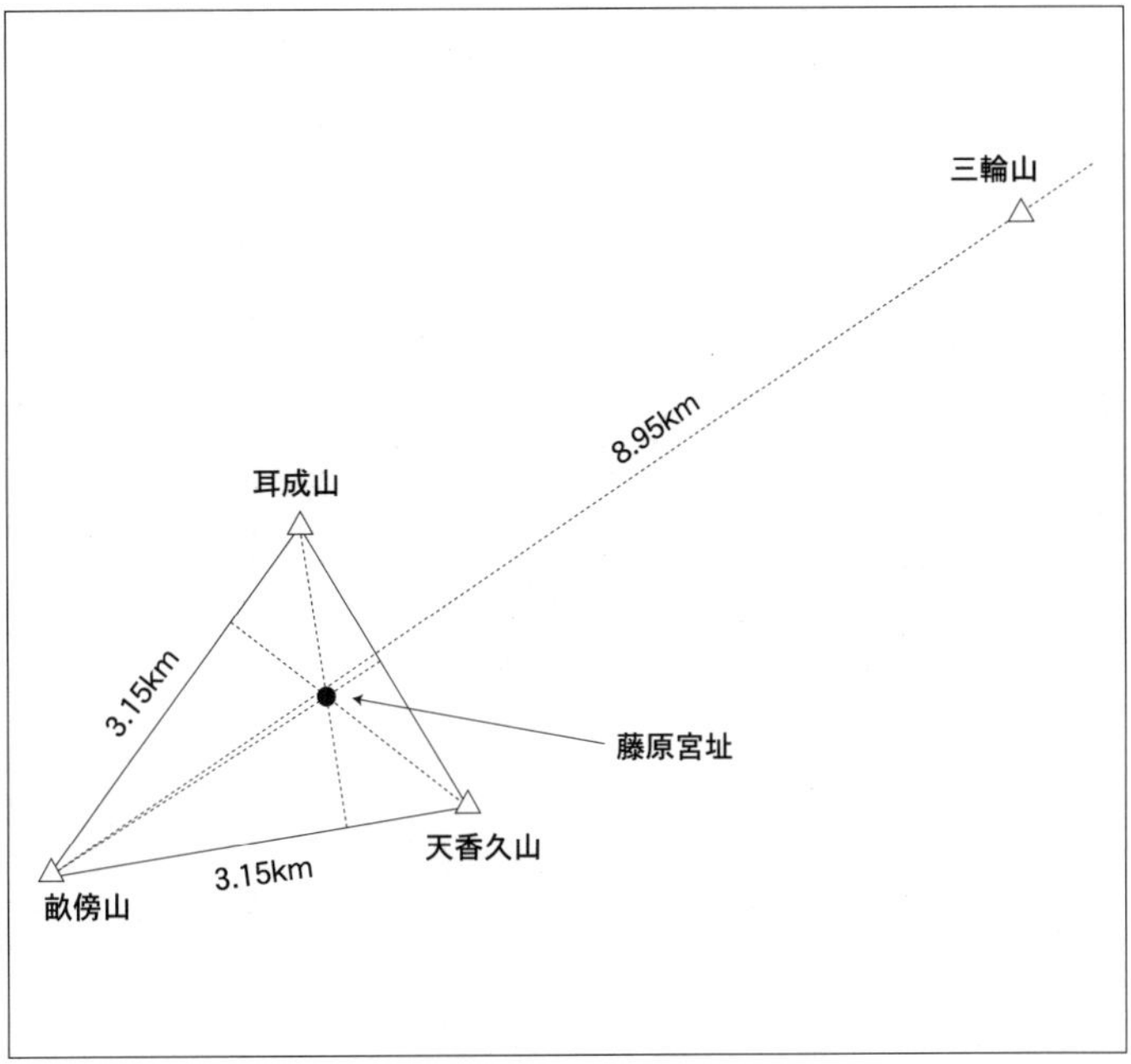

大和三山と三輪山の位置関係図

多少飛躍的な考え方ではあるが、畝傍山の一部を削って、耳成山を造ったと言えないこともない。確認はできないので、断言はしないが、そういいたくなるような位置に耳成山は鎮座している。

それに畝傍山の姿を見ると、北側から西側にかけて、山腹の形が何かによって、削り取られたように、少し不自然に見える。

検証はしていないが、畝傍山を削って耳成山を造ったという仮想もできる。

私がこう考える理由の一つは、耳成山の付近を流れる米川の流れ方である。この川は、櫻井市の高家のあたりから流れ出し、近鉄大阪線のみみなし駅付近で、西の方へ流れ、耳成山のところで山の東北部をぐるりと巻いてから、ほぼ一直線に北上する。そして、途中、橿原市の西新堂町付近で、東の方から流れてきた寺川に合流し、そのまま北上を続ける。

寺川はしばらく北上を続け、北西の方向に向きを変えて、飛鳥川に合流する。この米川が耳成山の山麓で、山を巻くように流れの向きが変えるところが、不自然なのである。

山裾を流れる川がその周りを半周するのは、ときたまあることなので、これだけみればどうということではない。

しかしここの場合、山がなければ、耳成山の南東から北西の方向へ一直線の川の流れで下流につながるのである。つまり、耳成山の直下を横切ると川の流れとしては自然なのである。

耳成山をこの位置に造ったために、人為的に川筋が変えられたと受け取れる流れになっているのである。

この耳成山の付近は、ほとんど平地になっており、そこにぽつんと標高約１４０メートルの美しい円錐形の山があるのである。しかもその岩石の組成が、畝傍山と同じく花崗岩と安山岩であるとすれば、遙かな昔、誰かがこの場所に山を造った可能性が高いのである。

もちろん、藤原宮が造られるはるか以前の話である。大和三山は極めて正確な二等辺三角形を形造っているのである。

そしてその三角形の重心にあたるところに、藤原宮の大極殿址がある。この位置は、三角形をなしている三山の頂上からのエネルギーが集中する場所と考えられる。

はるか以前に造られた地形を利用して、この地に藤原宮が造営されたのである。そういう自然エネルギーを感知できる能力を持った人が、この時代いたのである。耳成山を造った人は、日本の超古代人であり、有史以前のことなので、日本の歴史に登場してはいないが、間違いなくここに住んで、自然エネルギーを利用することを知っていた人たちである。

今は地中探査技術も進んでいて、エジプトのピラミッドなどの埋もれた遺跡探査に利用されている。

このようなものを利用すれば、耳成山が本当に自然の山であるのか、または人造の山なのかは調査できるのではないかと思う。

それは地中数十キロメートルの深いところにあるマグマの痕跡を調査すれば、火山であったかどうかはっきりする。もしそのような痕跡がなければ、人造の山ということになる。

周りの山と離れた平地の中にぽつんとある山が、数キロメートル離れた二つの山と、正確に二等辺三角形を形作っているというのは、希有のことなのである。

この耳成山を造ったと思われる古代人は、考古学でいう縄文人とか、弥生人ではなくて、もっと知的な人たちであろう。

考古学でいう縄文人は、このように山を削って、別の場所にもう一つの山を造るといった技術は、持ち合わせていない。非常に残念なことだが、大和朝廷が出現した後は、古事記に記されている以前の古代人の記録は、総て抹殺されている。

このことは別の章で述べるが、耳成山の位置と、その組成岩石とから、このような推論がでてくるのである。いずれにしても、藤原宮跡の場所が、周辺からの自然エネルギー（潜象エネルギー）が、集中している場所であることを感知できる人がいたのである。

なお、エネルギーの集中する場所としては、二等辺三角形よりも、正三角形の方が、よりわかりやすい。せっかく造山するなら、なぜ正三角形になる場所に、耳成山を造らなかったかという疑問は残る。

それには別の理由があるのではないかと思う。

例えば、正三角形にすると、三つの山の間に潜象エネルギーの回転場が発生する。この回転場が発生すると、それに派生して別の潜象エネルギーが、垂直に発生する。

それを避ける必要があったかも知れないし、あるいは、三輪山や、その遙か向こうの山、または葛城山からの潜象流との関連、生駒山、大台ヶ原山などとの関連が考えられる。

山頂が互いに正三角形を形作る三つの山の場合は、潜象エネルギーがぐるぐる回る現象が起こる。このエネルギーは、潜象でも運動エネルギーなので、眼を閉じても潜象光のように視ることはできない。しかし回転場が発生していることを感じることはできる。

この現象例は、東北地方の出羽三山の一つ、湯殿山のところで発生した。ここは湯殿山、仙人嶽、薬師岳の三山が正三角形をなしている。この三山が見える沢のところで、S氏が回転エネルギー場があることを感知した。

福島県の霊山神社のところでは、潜象界の空間に出現した龍が、緩やかに渦巻きを描いて、上昇しているのが視えた。そこには上昇する回転場があることを示してくれたのである。

この他、宮城県の宮崎町の山林のなかでも、異常な潜象流を感じたことがあった。

飛鳥の大和三山の場合は、正三角形ではなくて、二等辺三角形であるので、形の上では、潜象エネルギーの回転場は生じそうにない。

しかし、回転場が発生する可能性が、無くもない。その理由は、二等辺三角形の頂点にあたる畝傍山が、香具山や、耳成山に比べて大きいのである。だから、畝傍山が少し離れていた方が、仮想正三角形に近くなる。ということは、それぞれの山の持つエネルギーが、三角形の中心に及ぼす影響が、うまくバランスとれていれば、回転場が発生する可能性があるのである。つまり、畝傍山の仮想山頂の位置が少しずれて、そこが正三角形の一つの頂点になれば、そういうことになる。

二等辺三角形の一つになる場所に、耳成山が造られた理由を、このように考えてみた。

この大和三山に対して、三輪山が、微妙に関わっている。残念ながら、図形的には、三山と三輪山を結ぶラインは、微妙にずれていて、今のところ、図形的に密接な関係があるとは言いがたい。

しかし、三輪山からの潜象光は、大極殿址にちゃんと届いていた。

この潜象エネルギーの回転場は、電磁気学で広く利用されている三相誘導モータの電磁場によく似ているのである。正三角形をなす三つのコイルに電流を流すと、それに直交するような磁場があると、そこには回転場が発生する（ただし実際にはコイルは円形に製作される）。

潜象エネルギーであっても、回転場が発生すれば、それは力の場として、利用することが可能かも知れない。また、こういう回転場では、もう一つ、別の場（回転場に直角な方向に現れる力）が発生する。将来、このような潜象回転場の利用もできるようになるであろう。

このことは、自然界が提供する無限のエネルギー場が存在することを示している。

現在は、電気を得るのに、化石燃料や、原子力を利用している。しかし、潜象エネルギーの利用が可能になれば、それらのエネルギーは不要になる。

地球の温暖化防止が焦眉の急になっている現在、私が潜象光を視ることができるようになった。そして、これまでの科学が用いているエネルギーとは、異質のエネルギーの話をすることができるようになった。

『霊山パワーと皆神山の謎』では、潜象エネルギーが、発光の原因になったり、岩盤の振動を引き起こす力に変化したりすることを述べた。今回は、回転場の可能性を取り上げた。

今のところ、人類が利用できる回転場ではなくて、潜象界の回転場であるが、これを顕象界の回転場に転換させる方策も、いずれ具現されるであろう。

ところで、この三山の中心に、藤原宮が設営されたことが驚きなのである。京をどこにもうけるかについて、現在の都市づくりの考え方とは違っていたようである。この時代は陰陽師や占い師などが、場所を選定する場合の鍵を握っていたのであろう。

私は潜象界の光を視るが、彼らは私とは違っていても、何らかの自然の気を感じて、その最も強いところ、あるいは良い気の流れる場所を選んでいたに違いないのである。

この三山ができたのは、藤原宮の時代よりもはるか以前のことなので、造山とは直接関わり合いはない。しかしこの三山が放つ自然のエネルギーが多く集まるところと知って、京の位置を決めたのであろうと推察されるのである。でなければ、大極殿の位置がこの三角形の重心位置に決められたことの偶然性は無いのである。ちゃんと計算された位置に大極殿が建設されたと考える方が自然なのである。それぞれの頂点から底辺に下ろした三本の垂線が一点に交わるところに、大極殿は造られていたのである。


さて、ここで視た潜象光であるが、次のようなものであった。

ここでは視る方向によって、立つ位置を変えた。その理由は、この宮跡には樹木が多く植えられており、それぞれの方向を視るのに、樹木が邪魔にならないように配慮したのである。

１８０度方向　強いピンク系紫色と黄オレンジ色が明るい色合いを見せていた。この方向は、プラスマイナス20度の広い範囲にわたって、これらの色が視えていた。

立ちあがる潜象光もほぼ同じ色で、強い光であった。香具山方向はこれよりも大分弱いが、これとほぼ同じ色の光が視えていた。

２２０度方向　オレンジ色が濃くでていた。これに紫色が少し混じっていた。

２４０度方向　ほぼ同じ色であるが、稍弱かった。

畝傍山方向　一面に濃い紫色があり、その中に筋状のオレンジ色が混じっていた。立ちあがる潜象光はオレンジ色が主体であった。

耳成山方向　一面に紫色が漂っていた。これに少しオレンジ色が加わっていた。立ちあがる潜象光はオレンジ色主体であった。

85度方向　濃い紫色が一面に広がっていた。

40度～１３０度方向　明るい黄オレンジ色が広がっていた。40度方向には、立ちあがる潜象光もあった。このなかで、75度～85度の間には、紫色とオレンジ色とが混じった潜象光と、非常に明るい黄オレンジ色が視えた。立ちあがる潜象光の中心は、黄オレンジ色の濃いものであった。

２７０度　濃いオレンジ色の立ちあがる潜象光が視えた。

２８０度　２７０度と同じで、これにピンク系紫色が混じっていた。

２８５度方向　２７０度とほぼ同じであった。

３０５度方向　２８０度とほぼ同じで、それよりも稍弱い光であった。
３２０度方向　３０５度とほぼ同じであった。

次の日、香具山に登った。

最初、社殿の方に向かって立ったが、あまり強い光は来なかった。ここにも蛇身のようなものが視えたが、髭のように細い線が何本もあったところをみると、龍のようであった。ただし顔をこちらに向けることはなかった。社殿の方は8度から10度の方向で、淡い紫色が視えた。立ちあがる光は黄オレンジ色で、中央部にぼやけた円形が視えた。この時、誰か人の気配がしたので、少し休み、再度視てみると、今度は赤オレンジ色の立ちあがる潜象光が視えた。この光は前のものより大分強い光であった。

１７０度、２１０度、２６０度、２８０度、０度（社殿の方向）に強い光となった。全般的に漂うエネルギーは、紫色にオレンジ色が混じったものであった。２８０度方向（畝傍山のやや右手）に濃く立ちあがる潜象光があった。３１０度、３３０度方向にも立ちあがる潜象光が視えた。85度～95度の方向には、黄オレンジ色の明るい立ちあがる光があった。

１７５度方向にも非常に明るいオレンジ色の立ちあがる潜象光が視えた。香具山の山頂付近は全般的に、明るい紫色、オレンジ色が漂っていた。この頃、やや日射しがでてきた。香具山の山頂は、社の周りが一寸した広場になっているが、その周りは木立で囲まれており、畝傍山の方向だけが空いている。

　山を降りる前に、もう一度社殿の方を視たら、これまでよりももっと非常に明るい黄オレンジ色が視え、立ちあがる潜象光もより力強いものが視えた。またその中央部には黄色の円形が視えた。


　香具山を降りて、前日行った藤原宮跡へもう一度出掛けた。前日は午後三時半から四時過ぎであったので、午前中、もう一度潜象光の様子を視たかったからである。

　春霞ながら、日射しが出ていた。最初、北の方へ向かって立った。すると、前日よりもずっと明るいオレンジ色が、一杯に広がって視えた。立ちあがる潜象光も力強く、その中には少し渦もあった。この方向は耳成山の方である。

　次いで、畝傍山の方を視ると、こちらも非常に明るいオレンジ色が出ており、立ちあがる潜象光も強い光であった。

　香具山の方は、黄色が勝った色となった。立ちあがる光もほぼ同じ色で、畝傍山とは色が違っていた。畝傍山よりはやや弱かったが、それでも強い光であった。この後、しばらくすると、赤オレンジ色に変化し、この時点では、畝傍山の光と遜色ない強い光となった。

耳成山の方も、前日よりも明るく、濃い色のピンク系紫色とオレンジ色であった。355度の方向であったがオレンジ色の方が強かった。この山のやや右側5〜10度の方向にも、明るく強い立ちあがる潜象光が視えた。

これで明日香の調査を終え、奈良へ戻った。西大寺の近くに平城京祉があるので、そこの潜象光の具合を視るためである。

平城京

和銅元年（七〇八年）元明天皇によって、藤原宮より京が平城京に移された。「続日本紀」には、四禽図に叶い、「三山鎮を為し」云々とある。私のように山の放つ潜象光を調べている者にとっては、「三山鎮を為す」という表現には、強く興味を惹かれる。

この平城京は、東西4・2キロメートル、南北4・8キロメートルである。藤原京の東西2・2キロメートル、南北3・3キロメートルに比べると、約2・8倍の規模になる。そして藤原京の短命さに比べると色々な経緯はあるにしても、百年以上、京として存続している。

近鉄大和西大寺駅で下車すれば、平城京址まで徒歩でさして遠くない。

第一次大極殿跡が整地されているが、ここのほぼ中央部に当たる場所で潜象光の様子を視た。各方向から来ている潜象光が視えた。立ちあがる潜象光は十三個所の方向から来ていることがわかった。250度~290度にわたっては、ほぼ10度おきに立ちあがる潜象光が視えた。いずれもオレンジ色が主体のもので、中心に当たる部分には渦も視えた。その中でも280度方向からのものが最も強い光であった。

355度~0度の方向では黄オレンジ色の明るい光が目立った。「三山鎮をなし」というのが具体的にどこの山か不明であるが、さすがに、潜象エネルギーが多く到達する場所が選ばれていることが分かった。

そこで、藤原京の場合と同じく地図上で、想定できる山々からの距離を測ってみた。その結果、平城京から30キロメートル以内の山で、潜象光の波長4・5キロメートルの倍数に近いのは次の山々であった。

三輪山	18・3キロメートル	4・07倍
神野山	18・2キロメートル	4・05倍
伊那佐山	25・5キロメートル	3・03倍

ここでいう潜象光の波長について、少し説明する。

宮城県宮崎町で、潜象光を視ていたとき、発見した波長である。

ここでは、自衛隊機が墜落するという事故があった。なせ事故が起きたか、その原因を追及していて、地形的な問題があることを発見した。

この付近には、潜象エネルギーを発している多くの山々がある。その一つ、大明神岳から宮崎町役場（元城址）との間に、航空機事故現場があり、潜象の赤い山（実際の山ではなくて、潜象エネルギーが集中して、山のように盛り上がった赤色の山が視えた）、大森の神社、そして役場が、一直線上に並び、その間隔が、正確に4・5キロメートルであった。

なお、潜象の赤い山付近には、地元で、魔の三角地帯と言われている区域がある。ここでは、地磁気が異常値を示しているという話がある。

このことから、私は潜象光のピークとピークとの間が、4・5キロメートルであると考えた（もっとも、これは一つの仮定であり、この半分の長さ、あるいは四分の一の長さということもあり得るが、一応の目安として、4・5キロメートルを用いている）。

潜象光も、波動であるから、波の特性として、ピーク値を示す場所には、潜象光が多く集まると考えるのである。

私は地図を眺めながら、笠置山、生駒山、信貴山からも、強い光が届いていると予想していたのであるが、距離を測ってみると、意外なことにさして多くの光は届いていなかった。それでも生駒を除けば六〜七割は届いているが密接な関係とまではいかなかった。大和三山からの潜象光も似たようなものであった。

このなかで、生駒山が外れていたのが気になった。実は平城京の調査を終えて、京都へ向かう電車の中では西の方角にしばらくの間、多くの潜象光が視えていた。それで、平城京大極殿跡で視えた潜象光と一致すると思っていたのである。この理由は生駒山頂上からのものと、南北に延びている生駒山系からのものとの違いであった。

つまり、生駒山というのではなくて、生駒山系としてみれば、ここから潜象光が平城京に届いていたのである。

この後、さらに遠い山々との関係を調べてみると、金剛山、大峰山系の山々（頂仙岳、七面山、釈迦岳、大日岳、地蔵岳等）からの光が来ていることがわかった。大峰山系の山々は南北に連なっているので、強い光が重なるのである。平城京で視えた約１７０度方向にも合致していた。

ところで、平城宮跡で最も明るく強い光が視えた２７０度、２８０度方向には、一体どの山があるのであろうとしばらく考えた。近くにはそれらしい山はないのである。そこで、近畿地方全般の地図上で調べてみるとあったのである。その方向には、神戸の摩耶山と六甲山があった。中でも六甲山は49・5キロメートルとちょうど11倍とピタリの数字であった。

この六甲山系には、金鳥山がある。この山は、カタカムナの楢崎皐月氏が平十字と名乗る老人より「カタカムナ」の巻物を見せられた山である。さすがに、六甲山は強い光を放っている山である。このカタカムナであるが、楢崎氏亡き後、宇野多美恵氏が相似象学会を主宰し、後を引き継いでおられる。

西の方は六甲山であるが、北の方も範囲を広げてゆくと、もう一つ気になる山があった。それは比叡山である。この山のことは、平安京の項で述べたが、平城京とはあまり関連がないことが分かった。

しかし、比叡山のさらに先の方にある蓬莱山が、平城京から58・5キロメートルで、ちょうど4・5キロメートルの13倍であることが分かった。さらには、北北東、琵琶湖の北岸にある伊吹山が平城京との間にある大神山を介して関連があることが分かった。この他には、東北東に位置にある鈴鹿山系の御在所山からの潜象光もあり、この山とも関連があるようである。

以上の結果からみて、「続日本紀」にある三山は、潜象光的検討からは、神野山、六甲山、大峰山系、金剛山のうちから選ばれることになる。

カタカムナと楢崎皐月氏

この六甲山、摩耶山の近くに金鳥山がある。

第二次世界大戦後、この金鳥山中で、楢崎皐月氏が、平十字氏と名乗る人から、ある巻物を見せられた。

それには、渦巻き状の図象文字が描かれていたという。楢崎氏はこれを写し取り、二十年以上もかけてこれらを解読し、現代語で説明を加えた。これが、カタカムナが世に紹介された経緯である。

このカタカムナの図象は、大きな円とこの円に内接する十文字の直線、および、数個の小丸からなっている。

このような図形が渦巻き状になって、一つの文を構成しているのである。この図形を楢崎氏は、カタカムナのウタヒと呼んでいる。

その理由は、この文が七五調の歌になっていたからである。万葉集にもある長歌と同じなのである。このことをウタヒと呼んだのである。歌または謡いと同じものである。日本語のルーツと思われるのである。

カタカムナの例（宇野多美恵氏提供）

ここではそのもっとも基本的な事柄の紹介に留める。この基本的なことだけでも、数頁を要する。

私が感得した潜象エネルギー空間と、カタカムナ考との関連性について書くとすれば、一冊の本では足りないと思われる。

ここでは、楢崎氏がどうしてカタカムナに出会ったか、そして、その解明が同氏でなければできなかったかについて『相似象』（宇野多美恵著）に書かれていることを説明する。


楢崎氏は、第二次世界大戦中、旧満州で、製鉄会社の工場長をしていた。

その時、まったく同じ鉱石、製鉄の手法を用いて鉄を精錬していたにもかかわらず、工場によってその品質が同一にならないことに気がついた。

いくら調査しても、その原因究明はできなかったそうである。

結論は、工場が違うと、製品にばらつきが出るということ、つまり、場所によって、良い鉄ができ、違う場所では品質が落ちるということだった。

この違い、なぜ工場の場所によって、製品の出来・不出来がでるのか、当時、その理由は不明だったのである。

この原因については、同氏が後年、カタカムナの解読により、判明したのである。

土地には、霊気が集中している土地「イヤシロチ」と、霊気が散逸している土地「ケカレチ（気枯れ地）」があることを覚られたとある。

その頃、中国の老子学の教えを受け継ぐ盧有三老師から次のような話を聞いたということである。

あるとき、楢崎氏が老師に向かい、「日本の文化の元は、貴国に負う」と謝したら、盧有三氏は、老子の伝として、次のような文でこれに答えたという。

「意（あ）示八仁、唯々観八鏡、易々弁万理、……」「八鏡化美津之文字整賛、然而有換語、即、弁理生便利名明命題、是正八鏡之字」

この意味は、アジアジンとは、上古代の日本の住民をさしている。この人たちは、八鏡の文字を用いていた。この八鏡の文字というのが、カタカムナの図象文字のことである。

この言葉は、あらゆる事柄を易々と説明することができるものである。この文字はよく整備されていて、言語として素晴らしいものである、といった意味であろう。

この老子の伝を読むと、老子の時代以前に、古代日本に「八鏡文字」という言語が存在していたことになる。

また、八鏡化美津之文字とあるのは、後ほど説明する「万葉仮名と古代日本語・古代文明」のところに、カタカムナのウタヒは、カミツモジ（上津文字）を、用いるとしている。漢字は少し違うが、これと同じ表現である。

老子が生きていた時代は、中国の戦国時代末期のようで、紀元前二五〇年位になる。

この話が本当であれば、八鏡文字はそれ以前からあったことになる。

この八鏡文字は、現在日本語として使われているイロハ四十八文字の原型である。

このようにいうと、驚かれる方が多いと思うが、本当の話である。ただし、文章にしてみると、その配列は違っている。しかし、四十八文字はちゃんと折り込まれているのである。「ヒフミヨイ　マワリテメグル　ムナヤコト　アウノスベシレ　カタチサキ　ソラニモロケセ　ユエヌオヲ　ハエツイネホン　カタカムナ」これをみてお分かりのように、これは、五七調の歌になっている。

これは八鏡文字といわれる図象から楢崎氏が解読した言葉である。

これの意味は、「アマの本来性は、ヒフミヨイ（正）、ムナヤコト（反）の旋転（マワリテ／球性）循環（メグル／渦流性）にあり、それは極限まで繰り返し（周期性）続くものである。

そして重合互換（アマノスベシレ／統合）、分化（カタチサキ／微分）、還元（ソラニモロケセ／崩壊）も、そのアマの本来性に基づく自然則であって、理屈ではない。

それが万物万象に受け継がれて、すべてのものが、発生（ハエツ）するが、その根源（イネホン）は、片々（カタ）の潜象（カムナ／アマ）にある」という端的な表現である。と解説してある。

これが「イロハニホヘト　チリヌルヲ　ワカヨタレト　ツネナラム　ウイノオクヤマ　ケ

フコエテ　アサキユメミシ　エヒモセスン」といういろは歌に変化している。

このいろは歌は、弘法大師の作とされているが、組み合わせは違うが、それ以前に、古代日本語として存在していたことが伺える。

このいろは歌は、「ホツマツタエ」に用いられている記号文字にも用いられている。

ホツマツタエは、五七調の歌になっている。その形式は、万葉集で、長歌と呼ばれるものと同じである。

ホツマツタエに用いられるホツマ文字
（『完訳　秀真伝』八幡書店　より）

第二次世界大戦が終わるまでは、古事記、日本書紀以外のこれら諸本は、偽書として取り扱われ、一顧だにされなかった。

戦後は、この風潮は大分改善され、偽書という評価は見直されたが、学会では依然として、正しい評価はなされていない。

このようなことを考えていたとき、たまたま、妻が「中国の春秋時代は、日本では縄文時代ですよね」と問いかけた。

彼女は宮城谷昌光著作の春秋戦国時代の英雄をテーマにした本を何冊も読んでいた。その時、ふと疑問が湧いたようであった。

「この頃中国では文字があったのに、どうして日本には、何もなかったのでしょう?」といったのである。

「中国と日本でどうしてこんなに、文明に差があったのでしょう」と嘆息混じりに言った。

日本の考古学者や、歴史学者は、この質問に何と答えるであろうと、私は思った。

たぶん、「その通り」という答えが予想される。

では果たして、その答えは正しいのであろうか?

その頃の日本人(大陸からの移住民ではなくて、元々日本に住んでいた人たち)は、本当に文明の程度が、極めて低かったのであろうか?

私の答えは「ノー」である。

古代日本には、高度な文明を持った人たちが住んでいたと思われる痕跡がいくつもあるのである。

はなはだ残念なことだが、このような痕跡には、考古学者や、歴史学者は見向きもしない。残念なことである。

特に、歴史学者の研究や、発想は、狭い範囲に限られすぎている。未だに、明治初期から昭和二十年頃までの学説を、なかなか修正しようとはしないのである。

唯一、大幅な修正が行われたのは、それまでの神話を歴史とする代わりに、考古学が表舞台に現れて来たことである。

考古学は、遺跡の発掘がその根拠となる学問なので、何か発掘されないと、学説の修正は難しい。

特に古代の日本に関しては、唯一の拠り所が、中国の魏志倭人伝である。この本に書かれている当時の日本の様子が、基本となっている。

では当時日本に住んでいた人たちは、本当に文明の程度が低い民族ばかりであったろうか？

魏志倭人伝は、正確に当時の日本の現状を、伝えていたのだろうか？

このことには少し疑問がある。というのは、邪馬台国だけが、日本の一大王国であったとは限らないからである。邪馬台国以外にも、いくつかの大きな国があったと考えられるからである。

このことは、あとに述べる古書古伝を見れば、容易に推測できる。

魏志倭人伝に書かれている話は、確かに当時の中国に比べて、文明の程度は低いことになる。

この本の中では、邪馬台国と卑弥呼の話がテーマになっており、日本中で、邪馬台国はどこであったかという論争がかしましい。大和説、九州諸説のほか、日本の各地にある。

万葉仮名と古代日本語・古代文明

ところで、このこととは別に、歴史学者も戦前から認めている事実が一つだけある。それは何かというと、万葉仮名である。

奈良時代、万葉集には、多くの和歌が収録されている。現代人でも、共感する歌が多い。ではその歌は、いったいどんなものかということについて、これまでその本質についての検討がされていないように思える。

この歌は、五七五七七計三十一文字で構成されているので、「みそひともじ」または「短歌」とも呼ばれている。

万葉集の中には、長歌と呼ばれるものもあるが、和歌（短歌）が多い。この歌は、万葉仮名と呼ばれる中国渡来の漢字で書かれている。しかし漢語（中国語）ではない。

有名な歌を数首挙げてみる。

春過ぎて夏来にけらし白妙の衣干すてふ天の香具山　持統天皇

東の野にかぎろいの立つみえてかえりみすれば月かたぶきぬ　柿本人麻呂
岩激る垂水の上の早蕨の萌えいずる春になりにけるかも　志貴皇子
田子の浦ゆ打ち出てみれば真白にぞ富士の高嶺に雪は降りける　山辺赤人
(『特選日本の古典　万葉集』世界文化社)

これは読みやすいように現代の文字で表した。

万葉集は、すべて漢字で書かれている。編集された頃は、未だ文字がなかったので、「漢字であらわした」というのがその理由である。これが万葉仮名と呼ばれる由縁である。

これまで、このことが上古代文学の定説となっている。

古事記にしても、日本書紀にしても、すべて漢字で書かれている。

表音文字や、表意文字として漢字、あるいは漢文を用いたというのは、それ自体は、一つの方策故、「ああそうか」ということになろう。

しかし、その内容をみてみると、前に挙げたホツマツタエからの引用箇所もあるという。

この研究をしたのは、松本善之助氏であるが、同氏ははっきり、ホツマツタエの方が古く、日本古来の文字であると断言している。

もっとも、同氏は、ホツマツタエ以外のもの、例えば竹内文書などについては、偽書だと断定している。

しかし、私はここのところには、同意しない。ホツマツタヱ以外にも、日本語の源流に属する文字があっても、不思議ではないと思っている。同氏の著述の中には、カタカムナはその対象にはなっていないが、古文書に対する立場が私とは異なっている。このことについては、後ほど説明する。

渡来系の人たちが、権力を握っていた頃であったから、自分たちに馴染みのある漢字を使ったとしても、不思議ではない。

しかし歌の中味はどうであろうか?

日本でも有名な中国の漢詩と、和歌とを比較してみたら、これとはまったく違う文明であることがはっきりする。

江碧鳥逾白
山青花欲然
今春看又過
何日是帰年

これは唐時代の詩人杜甫の五言絶句という形式の詩である。(『新唐詩選』岩波新書)

これでお分かりのように、万葉集の歌は、漢詩とはまったく違うジャンルの歌なのである。

表現方法も、文法も、まったく異なった歌である。そして感性の違いがはっきり出ている。

ここのところが重要である。つまり、漢詩と和歌とは、お互いに異なる文化であることがわかる。

万葉集には、長歌と呼ばれる五七調の歌もあり、その源流はホツマツタエなどにみられるが、これについても、後ほど説明する。

ところで、この詩は中国語では、

「コウ　ヘキ　デウ　ユ　ハク
サン　セイ　クワ　ヨク　ゼン……」

という風に読むそうである。

しかし、ほとんどの日本人は、

「江は碧にして鳥いよいよ白く
山は青くして花は燃えんと欲す
この春も看(ま)のあたりにまた過ぐ
何時の日か是帰る年ぞ」という風に読む。

漢詩の好きな日本人は多い。私も好きである。李白も杜甫も、白楽天も好きである。

かつて、中国の鉄道工程公司の方に案内されて西安（昔の長安）に行ったときのことである。西安の東の方に、秦の始皇帝の広大な墓があり、その近くで、兵馬俑が発掘されている頃であった。

その近くに、華清池があった。白楽天の詩「長恨歌」に出てくる漢の玄宗皇帝と楊貴妃との蜜月の日々を歌ったところである。温泉が湧いている池である。この頃ちょうど、昔の浴槽が掘り出された直後であった。この浴槽は、「浴を賜う華清の池」と歌われたところである。

翌日、西安の西にある楊貴妃の墓にも案内された。安録山の乱により、玄宗皇帝が都を追われ、この地で楊貴妃が亡くなったのである。実際には唐の皇帝だが漢皇としてある。

この貴妃の墓には、今でも多くの人が訪れている。半球形の墓であるが、不思議なことに、この墓は金網で覆われていた。案内の方に訪ねたら、ここに来た女の人が、よく墓の土をはがして持ち帰るので、網を掛けたというのである。天下の美女楊貴妃にあやかって、その土を顔に塗るとの話であった。世界の三大美女の一人と言われる貴妃は、今でもこのように人気がある。白楽天は、皇帝と貴妃の別れに臨んで、「比翼の鳥、連理の枝」と、「長恨歌」のなかで歌っている。現代の中国の人にも、連綿とこの歌は好まれている。私も好きである。

しかし中国語の発音はできない。漢字は読めるから、一般の日本人と同じく、その意味を理解して、「ああ、いい詩だ」と思うのである。

さて、これは一体何語であろうか?

作者は中国人であり、漢字を使っているから、中国の詩である。

しかし不思議なことに、日本人は、これを読むとき、日本語に直して読む。詩の持つ意味を、そっくり日本語に移し替えて読むのである。古くからこのようにして漢字を和語（日本語）に直してしまうという不思議な民族である。

万葉集は漢字を用いているが、表現方法は漢詩とまったく違うのである。漢字は当て字に過ぎないのである。

その歌の内容は、使われている漢字とは無関係なのである。例えば、「い」という音を「以」とか「意」という漢字に置き換えただけのものであり、漢字の持っている言葉としての用い方ではないのである。ここのところが重要なのである。

万葉集で歌われているのは、日本古来の発音と、それが持つ意味なのである。「イロハ四十八文字」で表現される意味を持った歌なのである。漢詩とはまったく別の発想で歌が作られていることは、誰が読んでもすぐわかる。

その基本構文は、古い日本語そのものであって、決して漢文ではない。文法も中国語とは異なっている。時の権力者が、自分たちの知っている漢字を当てはめただけなのである。

それを、それまで日本には文字がなかったから、漢字を導入したとする「古事記編集の趣なかった。

旨」は、違っていたようである。

漢字が導入されるまで、古代日本には文字がなかったという根拠にはならない。それまであった古代日本語を抹殺するために、政治的に漢字に置き換えただけである。大陸から渡来した人たちも、彼らが持ち込んだ言葉を、古代日本に定着させることはできなかった。

『空海の風景』には、空海が遣唐使に随伴して、唐へ渡った時のことが描写されている。嵐に遭って、船は流され、予定していた揚子江河口付近には着けず、遙か南の福州長渓県赤岸鎮の海岸に着いた。ここの都督府へ、大使の葛野麻呂が、長安へ行きたい旨の嘆願書を再三提出したが、全然相手にしてもらえなかった。理由は、文章が拙劣で、一国の大使のものとは思えなかったからであった。

窮状打開のため、空海が一文を草し長官に送った。それが名文であったので、長官は驚いて、早速長安へ連絡し、遣唐使の一行は、長安へ行くことができたとある。空海はのちに、三筆と称されるほどの能筆であったが、文章も上手で、その真価を発揮したのである。

ここでは、別の観点で、このことを眺めてみたい。

遣唐使に選ばれたほどの高官であっても、中国語に堪能ではなかったという事実が、浮き彫りにされた。つまり、日本では、教養としての中国語（漢字）は学ばれていても、日常使われる言葉は、在来の和語であったと推察される。

このことは、表音文字としての漢字を用いることはあっても、ふだんの生活に使われる言葉ではなかったのであろう。

普段に使われる言葉は、「いろは四十八文字」であったという傍証になろう。

このことが『空海の風景』から読みとれるのである。

だから、日常使われる言葉も、物語も、すべて古代日本語であったのである。そして、その古代の日本語は、千五百年を経ても、現代日本人に、そのまま引き継がれている。

漢字導入後、年代を経るに従って、漢字の持つ意味が、次第に古代日本語に取り入れられるようになった。

現代ではというより、もっとずっと以前から、漢字とイロハ文字とは、融合して、文章の中では、漢字と仮名文字はうまく溶け合って、現在私たちが使っているような日本語となっていったのである。これは、現代、英語やフランス語までが、日本語の中に入り込んでいるのと同じである。

この古代文字であるが、あひる文字であるとか、ホツマツタエの文字など、文字の形は、それぞれ異なっているが、字数は四十八文字がその基本になっている。発音も同じようである。現代のイロハあるいは、アイウエオと同じである。

このことを明確にするため、『日本超古代秘史資料』（吾郷清彦著・新人物往来社）にある超古代文書のいくつかを紹介する。

この本によれば、古事記・日本書紀以前に書かれた日本の超古代史に用いられていた文字（古代和字）を、大略四種類挙げてある。

ウエツフミ　——　トヨクニモジ（豊国文字）

ホツマツタエ　——　ホツマモジ（秀真文字）

ミカサフミ　——　同右

カタカムナのウタヒ　——　カミツモジ（上津文字）

この四書は、古伝四書といい、いずれも純然たる古代和字のみで記録されている。

この他にも、九鬼神伝精史（カスガモジ）・竹内太古史（元々は古代和字であるが、これを漢字混じりの仮名文に書き直してある）、物部秘史、東日流外三郡誌、忍日伝天孫記など多くの超古代史が、存在していることを示している。

これらの多くは、四十七文字、四十八文字であり、現在の日本語のイロハ四十八文字の基となっている。

またカタカナは、カタナ（象形字）が簡素化されたもので、ひらがなはあひるくさもじ（薩人書）から発していると記してある。

このように、漢字導入以前に、超古代の日本には、固有の文字が存在していたことが、立証されている。そしてこれらの超古代史は、単に、歴史書というだけでなく、宇宙や地球の成り立ちのほか、当時の距離、面積の基準、加減乗除四則の記録、さらに、近代数学では、ゼロの発見が、重要とされているが、そのゼロをすでに使用していたことも、示されているという。

ホツマツタエには、当時の暦や、干支のことも伝えてあるという。このことは、当時の日本は、魏志倭人伝にあるような、野蛮な国ではなかったことを示している。

この本の主題は、「潜象光」であるので、このへんに止めておくが、古代和字に興味のある方は、『日本超古代秘史資料』を一読されることをお勧めする。

つまり、日本には、漢字導入以前から、ちゃんとした言葉も、文字もあったのである。古代日本語がなければ、どうして漢字を当てはめることができたのであろうか？　ということになるのである。

ちゃんと出来上がった言語があって、それを漢字に置き換えたと考えるのが、正しいのである。

ここで私が取り上げるカタカムナ文字も、古代日本語のルーツになる文字なのである。楢崎氏は、そのことを二十数年かけて、独力で解明した。それだけではなく、カタカムナの文字に含まれている思想や、物理についての解明もなし遂げたのである。

妻の疑問「古代日本は縄文時代であり、そこには中国に比肩するような文明はなかったのか?」という問いかけから、私はこのようなことを考えた。

万葉仮名と古代日本文字という問題は、超古代日本に私たちが知らない文明が存在していたという痕跡にまで、発想が及んだ。

縄文時代の作品として有名なものに、火焔土器がある。この土器の姿は、未開であったと言われる縄文人の作品とは思えない程、見事な作品である。現代でも、この土器の持つ力強さ、デザイン力に匹敵するものを持っている陶芸家は、そうざらにはいないと思われるほどである。

また、東北地方で発見された遮光土偶の姿は、宇宙人であろうと言われているが、誰が造ったのかわかっていない。私には、この土偶は宇宙人ではなくて、現実に古代日本に生きていた人たちの特殊な姿であったように思える。

この遮光土偶であるが、発見されたのは、一つや二つではない。私がたまたま訪れた青森県八戸市（当時南郷村）には、形は小さかったが、遮光土偶が数十個郷土資料館に展示されていた。ここの館長さんが近くで蒐集されたという。

また、秋田県鹿角市の万座環状列石の遺跡も、超古代文明の名残である。ここは、超古代のエネルギーの集積、制御装置であったと思われるのである。

これらは、超古代の日本にも現在の文明とは異質の文明が存在していたことを示している。しかし、それはある時期に、突如として消滅してしまっている。そしてそれを知る手がかりも、失ってしまった。

カタカムナのウタヒは、それを探すための手がかりになるようである。

もう一つ、超古代日本の文明の痕跡と思われる話をしたい。

茨城県の磯原というところに、皇祖皇大神宮という神社がある。この神社は、伊勢神宮とはまったく別の神社である。

この神社の神宝の中に、「ヒイロガネ」がある。これは灰白色の金属の塊である。

簡単に言うと、錆びない金属なのだが、この上に手をかざすと、暖かさを感じる。現代の鉄鋼技術では創れない金属のようである。これが神宝として保管されている。

この神社のいわれはこうである。

現在の天皇家とは別に、「こちらが正当の天皇家の系譜である」といって、その証拠になる三種の神器や、そのほかの宝物を有している」として、名乗りを上げた人がいた。この方は竹内巨麿といい、富山県の人である。

戦前は、不敬罪というのがあって、天皇家を誹謗中傷すれば、罪になるという法律である。当然のことながら、検挙され、三種の神器その他の宝物の多くが押収された。

戦時中の裁判であったが、裁判の結果は無罪となった。しかし、押収されたものは、返還される前に空襲に遭い、焼失してしまった。

押収を免れたものが現在磯原の神社に残っている。秋の例大祭の時には、信者の方や許可を得た人にこれらの宝物の拝観が許される。

これらの神宝の中には、モーゼの十戒石といわれるものや、ヒイロガネなどが展示される。私は二度ほどこの神社に出掛けて、実際にこれらの神宝を拝観させていただいた。

私は、このヒイロガネというのは、超古代日本で創られた金属の一種であると思っている。

このヒイロガネの原石が、宮城県釜石市の川の中でとれるという話がある。この話を持ってきたのはT氏である。

このときはまず、岩手県の遠野へ行き、ここにある巨石群を調べた。その中に笠石というのがある。この石群は、ちょうど二つの立石の上に、笠がかぶさった形の石が乗っているのである。

これと同じ形の巨石が英国にもある。英国には巨石群が多い。特別に多いのはストーンサークルである。たしか三百カ所ぐらいはあったと思う。その中でもっとも有名なのは、ストーンヘンジである。

英国のストーンサークルは、大切に保存されている。いつかＮＨＫのＢＳ放送で、この特集を放送していた。その中では、現在でも魔女といわれる人がいて、ストーンサークルの中で、お祈りをしている光景があった。

ストーンサークルで私が視た潜象光のことなど、ここの話は別途書くことにしている。

遠野に一泊ののち、五葉山に登った。ここも山頂付近に巨石群があることで有名である。山頂についた頃、霧が発生して何もみえなくなったので、山頂を歩き回るのは途中で止めて、そのまま山を下りた。

翌日、釜石の新日鐵鉄精錬工場の近くを流れる川の上流へ向かった。

ここを訪れたのは、この近くにヒイロガネの原石があり、それを集めている人がいると聞いたからであった。

残念なことにその方はすでに亡くなっておられた。家も解体されてなにも残っていなかった。近所の人に尋ねたら、その方が亡くなられて間もなく、数人の人が現れて、集められていた鉱石はすべて持ち去られたということであった。

このヒイロガネも日本の超古代文明の名残である。日本に文明があった証の一つである。

世界には、このような遺跡がいくつもある。エジプトのピラミッド、イギリスのストーンヘンジ、メキシコのマヤ文明など、巨大遺跡も多い。

しかし、これらの遺跡の本当の機能を知るすべは失われており、正確な知識も失われている。超古代日本も、同じような大災害に見舞われ、ほとんどのものが破壊されてしまったのであろう。

そして、ある程度新しい文明が芽生えるのに、相当な年月を要したに違いない。だから、元の超文明を再興するまでには至らず、書き物として残っただけなのかも知れない。

その中で、記号文字、図象文字は生き残り、人々の生活の中で、秘かに伝えられていた。

ただし言語だけは、日常生活に欠かせないので、古代日本語として、語り伝えられたと考えられる。

言葉やその思考過程というのは変わらないから、古代日本人の考え方や、感情表現が、古代日本語で語られた。それが、万葉仮名に置き換えられたと考えられる。

そうすると、万葉集が漢字で書かれていても、歌われている内容は、古代日本の思考、感性そのものであることが納得できるのである。

文字のない民族に、このような素晴らしい歌が創れたであろうか？　そんなことはない。文字を持っていたからこそ、素晴らしい歌が詠めたのである。

超古代文明の消滅は、地球規模の大異変が起きたためであろう。そして、現代の異常気象や、自然災害は、過去に起きた大異変と似た異変の前兆ではないかと危惧している。そういう異変の引き金になるのは、現代人の生活態度だと思うのである。

旧約聖書にあるソドムとゴモラの話などにも通じるものである。ノアの方舟の話もまた同じである。

人類が神を恐れない生活を続けていると、過去の大災害と同じ目に遭わないとも限らない。

古事記と天津金木学

古事記は日本の歴史・神話という意味合いを持っているが、これとはまったく違った捉え方をしている学問がある。

それが天津金木(あまつかなぎ)学である。これは明治の初め頃、大石凝真須美(おおいしごりますみ)という方が、愛知の神道家に伝わる古い文献などを調べて、復興したものである。

天津菅曽(あまつすがそ)学と組み合わせて、宇宙をあらわす幽玄神秘な学問とされている。この他にもう一つ、言霊学がある。

この三者を組み合わせると、宇宙の諸現象を自由に操れると言われている。

天津金木学では、占いで用いる算木に似た形の木片を数十本用いる。ここのところが算木とは異なる。

天津金木では、この木片の各面に、それぞれ赤・黄・青・緑・白・黒の六色を塗り分ける。

この木片を色々に組み合わせて、諸現象を観ずるのである。

菅曽というのは、同じように占いで用いる筮竹と似たものである。

これらのことについて、神道の祝詞・大祓祠のなかに、「天津金木を本打ち切り　末打ち断ちて　千座の置座に置き　足らはして　天津菅麻を　本刈り断ち　末刈り切りて　八針に取り避きて　天津祝詞の　大祓祠事を宣れ　……」とある。

ここに天津菅麻というのは、天津菅曽のことである。また、祝詞は言霊学にあたる。

伝説に近い話なので、本当であったかどうか、確証はないが、学研の雑誌「ムー」に、次のような話が紹介してあった。

真須美翁は、金木学を修得したのち、菅曽学の大家と、言霊学の大家を呼んで、一つの試みをした。それは、それぞれの全能力を振り絞って、三者の力を結集したら、どんなことが起きるかを、確かめてみたのである。

始めてみると、周辺から目に見えぬ何かが流れ込んできて、状況が一変した。言ってみれば、小さな台風がそこに発生したようなものであった。

もちろん空気が動いたのではなくて、私流に言えば、潜象界のエネルギーが大量に流れ込んできたのであろう。

すると途中で、言霊学の大家がそれに耐えきれなくなり、この実験は中止となった。

優れた神官が祝詞をあげると潜象光が強くなることを知っているので、この話はあり得る

ことであると思っている、

私は言霊学も、菅曽学も知らないが、天津金木の木片（もちろん複製である）は持っていて、このうちの数片を組み合わせてみたことがある。

しばらくすると、この組み木の周辺が、異常な状態になってきたのに気がついた。目には見えないし、空気が動くわけでもない。しかし、何かそれまでとは違う異常さを感じたのである。

このとき使った金木は五本であり、真須美翁の実験とは、ほど遠いものであった。それでも、異様な雰囲気に包まれてきたので、あわてて組み木を解いた。

これを行ったのは、私が潜象光を視ることができるようになる大分以前のことである。だから、力のある人たちが、学の深奥を極めてこれを行えば、前の話のようなことが起こる可能性は高いのである。

この天津金木学を、真須美翁から伝授された人に、水谷清氏がいる。この方が金木学を発展させて、『古事記大講』という本を著した。

この中に書かれていることは、例えば、古事記に書かれている神の名を、天津金木を用いて現したら、どのような組み合わせになるかという研究がなされている。

したがって、古事記に記されている物語とは、別の学問なのであるが、私にとっては、興味深いものである。

天津金木学の根元は、カタカムナ考と一脈相通じるものを感じるのである。

現在、私は潜象光から、これまでの物理学とは違った潜象エネルギーの世界を、追求しているので、天津金木学の細かいところまでは、紹介できないが万葉仮名から、古代日本語のルーツ、カタカムナといった話の流れの中に、天津金木学があると思っている。

それが古事記とつながりがあるのでここに取り上げてみた。


このように、古代日本には、漢字が導入される以前に言語があったし、文字もあった。

古代日本人は、それを使って生活していた。

だから、歌を作るときも、その元々の日本語を使っていたのである。

渡来系の人たちは、漢字を日本に導入したが、日本語を中国語に置き換えることはできなかった。彼らも、中国語ではなくて、古代日本語を使っていたことになる。そして当然のことだが、そこには、ホツマツタエなどの文字もあった。

これが、妻の疑問「中国には文字（漢字）があったのに、どうしてその頃、日本には文字がなかったのでしょう?」に対する私の答えである。

中国地方

厳　島

この地方の唄に「安芸の宮島回れば七里……」とある厳島（いつくしま）は、井都岐島（いつきしま）が古来の名称である。

この厳島は、満潮時には社殿のところまで海になり、朱塗りの社殿が水に映え、沖の方に赤い大鳥居が浮かんでいる景観は見事である。まるで海上の神殿という趣のある造りになっている。

祭神は、市杵島姫命（イチキシマヒメノミコト）、田心姫命（タゴリヒメノミコト）、湍津姫命（タギツヒメノミコト）の三柱である。

いずれも女神である。神社の由緒書きに依れば、福岡県の宗像神社の御祭神が厳島と同じであり、同社の伝説では、「湍津姫命」は豊前の宇佐に、「市杵島姫命」は安芸に御遷座になったということである。

また厳島の伝説では、神は最初からこの地に遷座されたのではなく、瀬戸内の島々を巡って、最後に、厳島がもっともよい場所で、「永久に鎮まろう」と仰せになったという。最初に現在の位置に神殿が造られたのは、五九三年（推古天皇即位の年）とあるから、相当に古い時代である。

また、八〇七年（平城天皇の大同二年）に、空海が唐からの帰途、この島に立ち寄って、求聞持堂、大日堂を建立したとある。

厳島神社

この二つの言い伝えは、厳島の持つ自然エネルギーが、非常に大きなものであることを伝えていると考えてよい。

厳島神社は世界遺産になっているが、国宝になっているものも数多い。中でも、平家全盛の頃、奉納された平家納経「金紙金字法華経」は有名である。

実物を見る機会はなかなか無いが、時々テレビで放映され、その見事さに圧倒される。保存状態も極めてよい。

この島へ行くには、広島市の西、宮島口からすぐのところに、連絡船が待っている。10分から15分ぐらいの頻度で出航するので便利である。

私がここを訪れたのは、この島の弥山に登り、そこからの潜象光を視るためである。紅葉谷公園を通り抜け、ロープウエイを二つ乗り継ぐと便利である。それでも、頂上駅から、弥山頂上までは、急な坂の上り下りがあり、すいすいと登ることにはならない。

頂上にある展望台に上がると、木々があるがその合間から、まわりが見える。春霞になって、瀬戸内海の島々はぼんやり霞んでいた。この弥山頂上付近には、いたるところに巨石があり、まさに巨石だらけといった風景である。潜象光が集まるわけである。

この弥山頂上に登ったのは、これが二回目である。今回は、桜に少し早い三月末であった。

さっそく展望台から、四方の潜象光の様子を視た。まず、東南の方向にある大黒神島から、立ち上がる潜象光が視えた。東の方は手前に大奈佐美島、その先に江田島がある。

この方向と、東南方向にある西能美島の間にも、潜象光が視えた。

弥山山頂の巨石群

全般的に、ピンク系紫色と、オレンジ色との漂う光があり、特に東の方には、強く明るい立ち上がる潜象光が視えた。
この他、いたるところに潜象光が視えた。北から西の方にかけては、一面にわたって、オレンジ系の明るい光が視られた。
ピンク系紫色もあるが、オレンジ系の方が濃い色である。この方向には、北の方に極楽寺山（６９３メートル）、この少し西の方には、のうが高原があり、その奥には阿弥陀山（８３７メートル）がある。

のうが高原には、以前、T氏と調査に出掛けたことがある。このときは、葦嶽山を調べた後であった。

せっかく訪れたが、残念ながらここの開発が途中で中止になったとかで、入口のところは閉鎖されていた。

管理事務所の方に話して、危険なところには立ち入らないことを条件にして、中に入れてもらった。

開発が中止になってから一年ぐらいは経っていたのであろう、いたるところに、雑草が腰の高さぐらいまで生えていた。

廃墟と化した建物には近寄らないようにして、散在している巨石群を見て回った。山の中腹にある巨石、小高い丘にある巨石など、自然にできたものに、何らか人が手を加えて、人工的な配置にしてあるように思える巨石が多かった。

今回はここには行かなかったが、最寄りの私鉄の駅でのうが高原のことを聞いてみた。ここにおいてある観光案内にも載っておらず、駅員の方も知らないとのことであった。

完全に昔の自然に戻ったようである。

この方向で、鈴ヶ森ゴルフコースの右側から、茶臼山（200メートル）の方向にかけて、立ち上がる潜象光があった。こちらの方が、のうが高原よりも強い光であった。

茶臼山の延長線上には、庄原市の北、比婆山系になっている。またこの近くには、ピラミッドで有名な葦嶽山がある。

北西から南西の方向には、目の前にある弥山頂上の巨石群があり、非常に明るいオレンジ色主体の漂う潜象光と、立ち上がる光が視えた。

またここでは、数条の龍体と思える黒っぽいものが視えた。その中には、いくつかの髭状のものが視えた。

下山途中、求聞持堂のところで、僧侶の人に問うと、ここには天狗が住んでいるとは言われたが、龍の話はでなかった。龍は海上から来たのかも知れない。

宮城県の金華山に行くと、よく船上で、龍の歓迎を受けることがある。

西の方、南西の方向にも、立ち上がる潜象光が視えた。頂上の巨石だけではなくて、その先にある山からのものであろうと思われる明るいオレンジ色と、ピンク系紫色の潜象光が視えた。

大　山

四国から瀬戸大橋を渡り、岡山、倉敷を経て、米子道へ入り、一路米子を目指した。

山陰地方で最も大きな山である大山の潜象光を視るためである。
翌朝、伯耆町にある大山まきば「みるくの里」に向かった。朝のうち、未だ靄が完全には取れていなかった。

ここは観光牧場になっていて、ゆったりとした景色であり、駐車場も広々としていた。ここでは、大山が裾野までよく見える。この方向から見ると、山容はなだらかな富士山型である。この牧場は桜でも有名で、背景に大山を配した写真が撮れる。この日は未だ桜は咲いていなかった。

大山に向かって眼を閉じると、一面に紫色が主体で、オレンジ色が混じった漂う潜象光が視えた。そのうちに、次第にオレンジ色が多くなり、立ち上がる光となった。この光には芯があり、太い。

山を背にして、周辺を視ると、明るく濃い赤オレンジ色が一面に漂っていた。少し山から離れた位置へ移動して、再び山を視た。明るくほとんど赤に近いオレンジ色が一面に視えた。それが次第に立ち上がる潜象光に変わった。山が近いので、光の幅も広く、強い。この光、時に優しい黄色になったりした。

このあと、大山の山裾を左側から回り込んで、大山神神社の奥宮へいった。ここの参道は、自然石を配したもので、長さが約７００メートルあり、我が国最長とされている。未だ雪が大分残っており、滑りそうになったりした。

拝殿のところで会った神官の話では、この時期、例年であれば、30～40センチの積雪があるとのことであった。

由緒書には、伯耆大山は天平五年（七三三）に成立した「出雲風土記」に、火神岳（大神岳）とあり、平安時代の「続日本後記」などにも、「伯耆国大山神」と記録されていることから、大山が古代から神の宿る山として、信仰されてきたことがわかる。

また、奈良時代には、修験の地となり、中門院、南光院、西明院の三院が成立した。

明治になり、神仏分離策により、伯耆大山寺から、大神山神社へと、名称が変えられた。明治三十六年には、大山寺号の復興が認められたが、大智明権現社（奥宮）と、下山社（下山神社）が、神社名義のまま残っている。

この大神岳は、別に大神山とも言われ、この神が省略さ

大　山

大神山神社　奥宮

れて、平安時代には、現在の「大山」になったといわれている。標高は１７１１メートルで、中国地方第一の高さである。

奥宮の祭神は、大巳貴神である。本社・里宮の方は、大穴牟遅神で、相殿は大山津見神、須佐之男神、ほか二柱、さらに少名比古那神も祀られている。

奥宮では、神官に招じられて、幣殿の中に入った。

幣殿の中は、極彩色の間であった。柱は朱赤で塗られてあり、その左右には、斗栱供木鼻（象がモチーフ）、飛天（楽器を奏でる天女）などが極彩色に描かれていた。そして格天井には、２３４枚の花鳥人物が描かれていた。格天井は描かれた当時のままのようであったが、柱などは塗り直されたようで、鮮やかな色合いで、まさに豪華絢爛という美しさであった。神社の案内では、この幣殿の塗りは、白檀の漆塗りといい、日本一壮麗であるとなっていた。

この幣殿の前に戻り、左手に回ったところにある広場に出ると、大山山頂が見える。七合目あたりまで真っ白であった。

この位置から見る大山は、牧場で見た大山とはまるで形が違う。別の山を見ているようであった。山頂が多少の凹凸はあるにしても、ほぼフラット形になっている。山に向かって眼を閉じると、濃いオレンジ色が一面に立ち上がっていた。山頂が幅びろなので、立ち上がる潜象光の幅も広い。

ここで向きを変えて、下山神社の方を視た。ここの光は明るいオレンジ色であった。ここの境内には、鳥取の銘木百選に選ばれたダイセンキャラボクがある。

下山の途中、神官に教えられた金門という場所に立ち寄った。ここからは大山の幅広い頂上が、横長によく見える。

この方向は北壁なので、山肌にはまだ多くの雪が残っていた。山が迫って見え、迫力がある。見た目にも美しい。

潜象光は、幅広く立ち上がる黄オレンジ色であった。またなぜか鮮やかな緑色が山頂付近に視えた。

美保神社

大山の調査を終え、出雲へ向かう途中、境港市へ立ち寄った。昼頃になったので、昼食をここで摂ろうと考えた。

数軒見てよさそうな店を選んだ。初めての店であったが、魚料理は美味しかった。この境港の先の方に、美保神社がある。この神社の祭神は、三穂津姫命、事代主命である。この事代主命は、恵比寿様のことである。釣り竿を手にし、釣り上げた鯛を抱いた姿は、誰でも知っている。

青森県八戸市に伝わる国指定伝統民俗芸能「えんぶり」のなかに「えびす舞」がある。この舞は、男の子が舞うのが普通だが、そのひょうきんな仕草には、見物客の中から笑いと、拍手が湧く。

この舞の中には、恵比寿様が海中に餌をまくしぐさが入っており、餌の代わりに餅とか飴を見物客の中にばらまく。縁起物なので、みんな争ってそれを拾う。

このように民衆に親しみをもたれている神様である。この恵比寿様の総本社が美保神社である。

ここの社殿に向かって立つと、赤オレンジ色の明るく立ち上がる光が視えた。これに若干紫色が混じっていた。

出雲大社

美保神社から中海の外側を回って、松江市に着いた。さらに西へ進んだ。宍道湖北岸の道をとり、出雲大社へ向かった。予想していたよりも道路が混んでおり、大社に着いたときは、午後四時を大分過ぎていた。

出雲大社の祭神は、大国主命である。この神様は大黒様として親しまれている神様である。手に打出の小槌を持ち、背中に大きな袋を背負った大黒様の姿は、美保神社の恵比寿様と合わせて、庶民の信仰を得ている神様である。

八戸の「えんぶり」の中に、「恵比寿舞」と併せて、「大黒舞」もある。この舞は、可愛い女の子の群舞である。頭に大黒様の頭巾をかぶり、片手には小槌を持っている。中には、三、四歳の女の子が混じっていることもある。その仕種がたどたどしくても、愛らしいので、見物客は拍手をして、「可愛いね」と、思わず声が出る。

大国主命は国引きの話とか、因幡の白ウサギの話とか、大和朝廷への国譲りの話とか、色々あるが、現代では、男女の縁結びの神様として有名である。

また、出雲地方には、日本の各地とは違った習わしがある。日本では、十月のことを神無月と呼ぶ。神様がおられなくなるからこう呼ぶが、どこへ行かれるかと言えば、出雲である。日本中の神様がこの月には、出雲地方に集まる。

それだから、出雲地方では、十月のことを、神在月という。

もともとは、旧暦の九月である。この月は日本中の神様が出雲に集まられるからだという。

出雲大社と佐太神社（八束郡鹿島町）である。

現在は、出雲大社では、旧暦の十月十一日から十七日までが神在月、佐太神社では、新暦で、十一月二十日から二十五日までが、お忌祭りを執り行う。


出雲大社の社殿は、大社造りといわれ、その構造は壮大である。最初に造られた神殿の高さは、十六丈にも達していた日本最大の建物であったという。奈良の大仏殿の高さが十五丈と言うからそれよりも高い神殿である。最初に造られたのは、これよりも、もっと高かったという。


このような壮大な神殿が造られたのは、国譲りの代償であるといわれる。

近年になって、この大神殿に用いられたとみられる柱の遺跡が発見された。

現在ある本殿と、拝殿との間である。この柱は、切り取った大木を三本束ねて、一つの柱とする巨大な柱である。

この柱の跡は現在の本殿と拝殿との間に、地上に図示されているので、その大きさがよくわかる。また、実物大の柱のレプリカも置いてある。

このような大きな神殿をなぜ造ったかについて、その理由はつまびらかではない。私には神話にあるような理由だけとは思えない。

私が思うには、この神殿の高さは、単に権威を象徴するだけのものではなかったであろう。何か、高さを必要とする理由があったに違いない。

それは何だったのであろうか？

出雲大社（上）と
往古の巨大な柱のレプリカ（下）

ここへ来たのは二度目である。

最初に来たときは、午後三時過ぎであったが、今回よりも潜象光は強かった。

拝殿に向かうとちょうど北を向くことになる。この位置で眼を閉じると、オレンジ色の明るい光にピンク系紫色が混じる。幅広く立ち上がる潜象光である。

漂うエネルギーも、同じようにオレンジ色とピンク系紫色とが、幾層にも重なって視えた。

しばらく視ていると、真ん中にオレンジ色の円形が視えた。

そしてそれが黒い円に変わり、周囲に放射線状に、無数の金線の光が放たれた。この光は、かつて明日香の三輪山で視たものに似ていた。

三輪山では、円の周辺に、金色の炎のような光と、放射状の金線であったが、ここでは、放射状の金線のみであった。しかし状況はよく似ていた。

拝殿の後ろの方には、八雲山があり、そのさらに先の方には、竜山がある。

その他、社の背後を取り巻くように、多くの山々がある。

出雲大社で視た潜象光の形が、飛鳥の三輪山で視た潜象光と、似ていることをどう判断するか？

このような光は滅多に視えない。

『日本の神々（大和）』（谷川健一編白水社）には、三輪山の大神神社には、大物主神が祀られているとある。

大物主神は、大巳貴神・大国主神・大穴持神（いずれも同じ神）の和魂（幸魂・奇魂の総称）である。

そして、大神神社の摂社である狭井神社には、大物主神の荒魂が祀られている。

出雲大社で視えた潜象光が、三輪山の山頂で視た潜象光と、極めてよく似ている理由がここにあるように思える。何とも不思議なことである。

三輪山と出雲大社の潜象光が、極めてよく似ていることを、別の角度から考察してみる。

前に述べたように、単に同じ神様が祀られているということだけではあるまい。

周辺の山々の配置は、三輪山と出雲大社とでは、大分違っている。

三輪山の周辺の山といえば、大和三山がまず思い浮かぶ。その配置は、二等辺三角形になっている。前に図示したように、二等辺三角形の頂点にある畝傍山からの重心線を延長した方向に、三輪山がある。ただしほんの僅かであるが、ややずれている。

藤原宮祉から見ると、三輪山からの強い潜象光が、ちゃんと届いていた。

出雲との関係をみるには、これと逆に三輪山から見た大和三山との関係がどうかという話になる。ここでもう一度、この図を眺めてみる（次頁）。

畝傍山と三輪山とは、８・９５キロメートルと、ほぼ４・５キロメートルの２倍の距離にある。

また、耳成山と香具山とは、三輪山を頂点とするもう一つの二等辺三角形を形成している。若干のずれはあるが、ほぼ二等辺三角形である。

このことから、両者の関係を見ると、三輪山は大和三山というより、その中の畝傍山と、より密接なつながりを持っているといえる。

遠くの山々は、南の方に、山上ヶ岳や、大普賢岳などの霊山が連なっている。西の方には、生駒山地や、金剛山地がある。北や北東の方向にも霊山がある。

このように、飛鳥の地は、周囲を霊山に囲まれた地域である。周辺の山々から、潜象光を多く受けているところなのである。三輪山に強い潜象光が集まる理由も、ここにある。

出雲大社の方はどうであろうか？

中国地方の地図で、強い潜象光の視えた方向を調べると、一六九頁のようになる。

社殿左３１０度の方向に湖山があるが、この方向にも、立ち上がる紫色とオレンジ色の光が視えた。

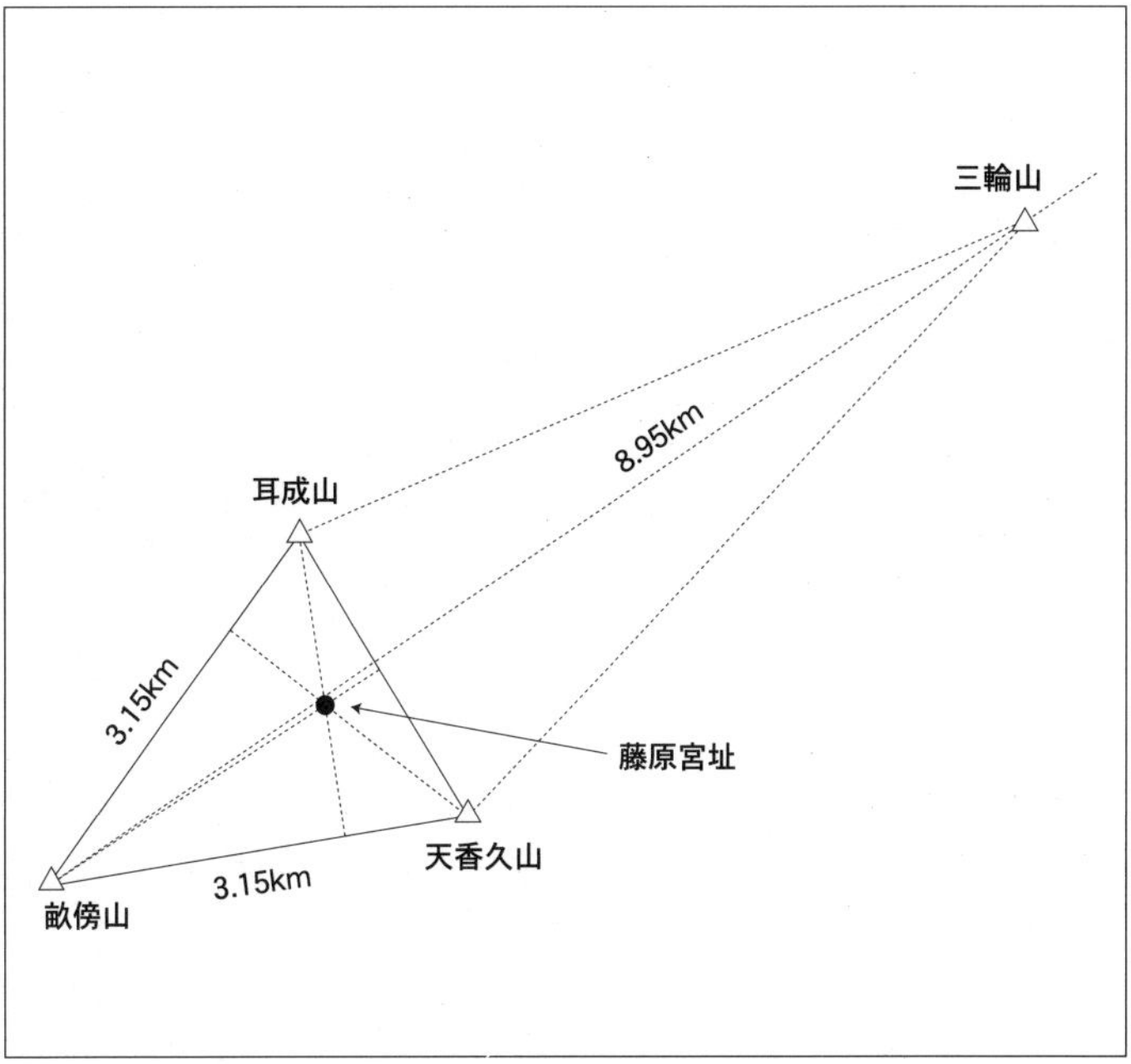

大和三山と三輪山の位置関係図（加筆再掲）

この他には、265度方向、202度方向、120度方向などに潜象光が視えた。

この中で、120度方向は、神名火山である。大社から14キロメートルほどのところにある。そしてその先には、比婆山系がある。

社殿右手の山も、およそ同じように、濃く明るいピンク系紫色と、オレンジ色の光が視えた。

265度方向は奉納山、202度方向は三瓶山で、その延長上には、安芸の宮島（厳島）がある。また、東の方向には、大山がある。

このように、出雲大社の場合も、各地の霊山からの潜象光を多く受けられるところにある。


次に、大社の近くの山々を見てみる。

坪背山、八雲山、弥山、という三つの山のほか、260メートルの山、242メートルの山などが、社の背後にある。

さらに、その後ろには、高尾山、太々山、竜山、天台ヶ峰、青木平などがある。

ここの社は背後がこれらの山に囲まれている場所に建立されている。

このように出雲大社には、四方八方から潜象光が集中している。その理由を考えると、この社の背後にある山が関連しているように思える。

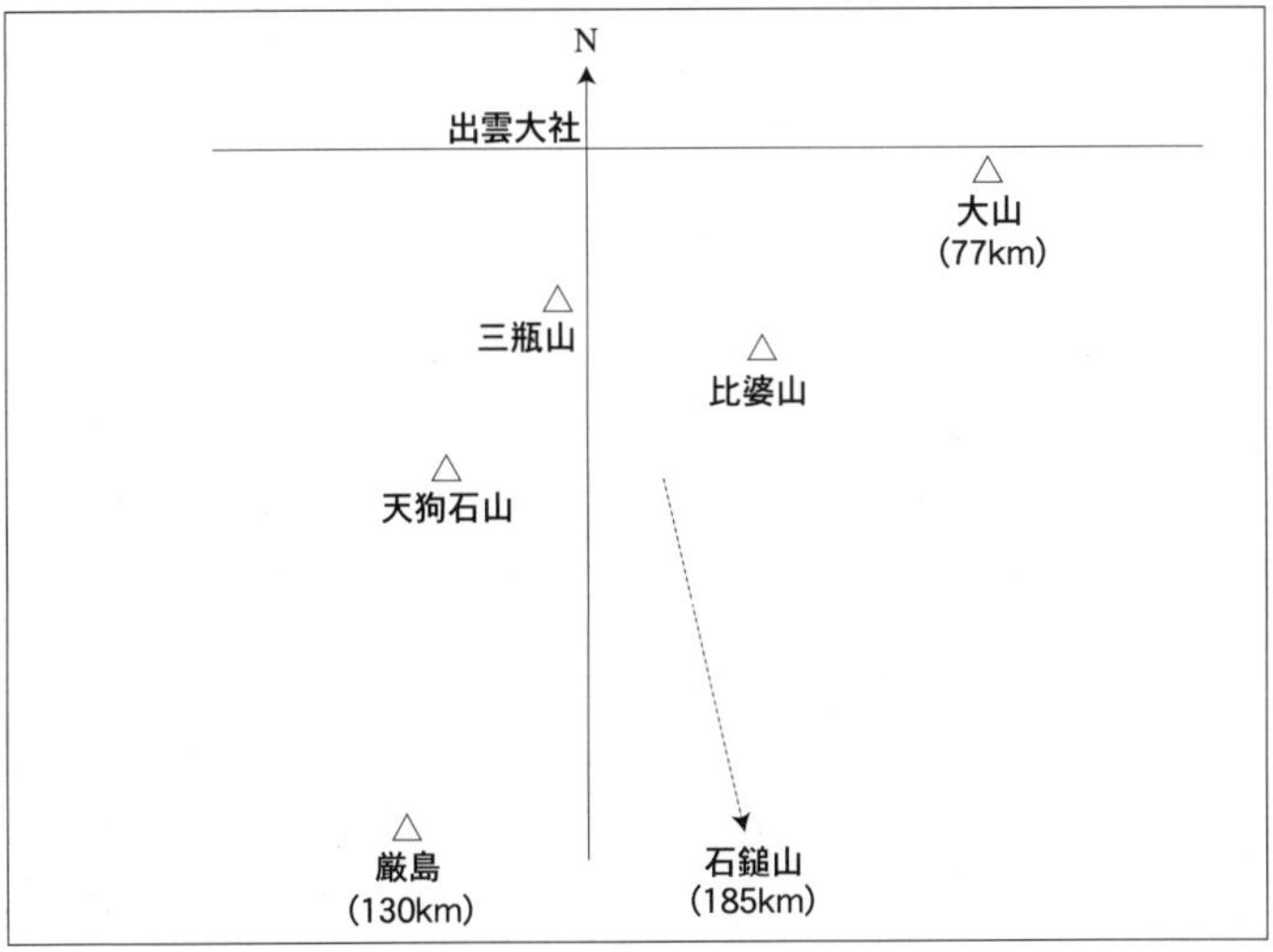

出雲大社周辺の山々１（数字は出雲大社からの距離）

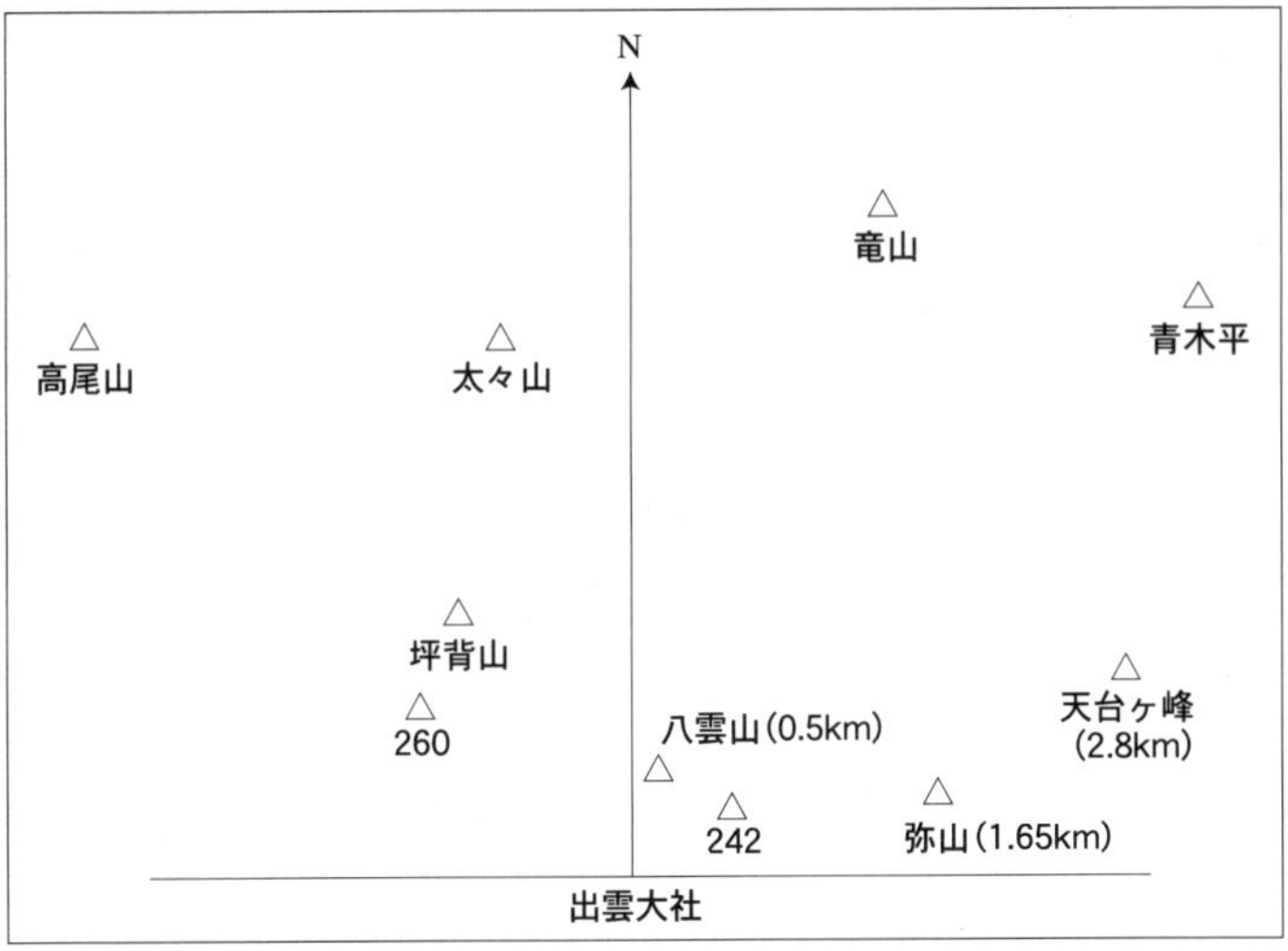

出雲大社周辺の山々２

神殿を囲むようにあるこれらの山々がその鍵を握っているようである。

これらの山々と、神殿の位置をみると、次のように思える。

前に述べた山々からの潜象光が、直接社に集まるだけではなく、社の背後にある山々にも集まり、これがさらに社のある場所へ反射するように、集中しているのではないかと思う。

現在でも、神殿の近くには潜象光が集中しているが、これは地上での観測である。

描き出した地面で山の位置を見ているうちに、ふと地上ではなくて、地上よりも高いところでは、潜象光の具合はどんなであろうかと、思ったのである。

この高さでは、地上よりもっと潜象光が集中しているのではないか？

こう考えたとき、高い神殿を造る理由がでてくる。リフトを持ち込んで、そのような調査をすることは、まずできないであろう。だから推測に留まることになるが、充分にあり得ることである。

このへんのことについて、「出雲大社の本殿」（出雲大社社務所）によれば、神殿の高さは、上古のは、三十二丈（約１００メートル）、中古には十六丈（約48メートル）、現在のは八丈（約24メートル）であると伝えている。

１００メートルといえば、小山の高さである。最初に造られた神殿の高さは、小山ほどの高さであった。

大国主命は、霊性の極めて高い方であったろうから、当然潜象エネルギーの強弱はわかる方であったろう。さすれば、地上近くよりも、高い場所にエネルギーの集中することを察知するのは容易であったろう。

潜象エネルギーの集中する場所に起座すれば、より高度な霊的判断もできたであろう。もしかしたら、ここに集中した潜象エネルギーを使って、何か機械を操作しておられたかも知れない。

テレビのアンテナに八木アンテナというのがある。横に何本も受信用のアルミ棒が並んでいて、テレビの地上波を受けるのに使われるアンテナである。

この他に、パラボラアンテナというのがある。こちらの方は、球の一部を浅く切り取った形（放物面鏡）をしている。

そして、中心近くに飛び出したへそのようなものが付いている。これが球面で反射した電波が集中する点なのである。この仕組みで、テレビの微弱な電波を集めて、受信できるのである。

出雲大社の背後に、幾重にも重なった山々を眺めていると、その配置が何となく、八木アンテナの誘導素子や、パラボラアンテナの反射鏡の役割を果たしているように見えてきた。

そして、パラボラアンテナのへそに当たる位置が、元々建立された高い神殿であったのであろう。

周辺の山々からの潜象光が、背後の山に受けられて、さらにそれが社のあるところに、集中するのである。

その時、地上よりも、１００メートル高い位置が、エネルギーの集中度が高いと思われるのである。だから高い神殿が必要だったと考えた。

このような高層建築が造れたかどうかは、疑問視される方もおられようが、神社記録によると、そうなっている。

大国主命は、大和の三輪山によく似た潜象光をこの地で見つけられた。それが平地よりも、地上から三十二丈の高さのところが、潜象光が最も強いことを知って、高殿を建てられたと、私は推測した。

このように、三輪山と出雲大社では、潜象光の集め方が違うが、いずれも潜象光が集中している。このことは、将来、潜象光を利用する際の参考になると思われる。

八重垣神社
松江市佐草町にあるこの神社は、出雲大社と深い関わりのある神社である。
由緒書きには、この神社の成り立ちについて述べてある。

「八雲立つ出雲八重垣妻込めに八重垣造るその八重垣を」という歌は、素戔嗚尊が、稲田姫命を佐久佐女の森に隠して、八岐大蛇を退治したのち、妻として娶った喜びの歌である。この佐久佐女の森は、奥の院・鏡の池の森である。

このような結婚物語に、最もゆかりの深い出雲の縁結びの神社が、八重垣神社である。八重垣の由来は、大垣、中垣、万垣などの八つの垣を造って、その中に姫命が隠れたことにある。

この二神の御子が大国主命である。森の中にある鏡の池は、稲田姫命が、姿見をされたのでその名がある。この池は、縁結び占いの池として、今でもここで、多くの人が占いをしている。

社務所で頂いた紙片に硬貨を乗せ、池に浮かべる。すると、水出し文字が浮かび上がる。占いの文字である。「良い人に巡り会う」とか、「良い友に会う」とか、いろいろである。紙が濡れて早く沈むと、良縁が早く、遅く沈むと、縁が遅いとされている。

この日は雨模様で、潜象光を視るには、不向きであったが意外に光がよく視えた。社殿に向かうとほぼ真西である。社殿は東向きに造られている。ここで眼を閉じると、黄色の光が視えた。それが赤オレンジ色の明るい光に変わった。この漂う光は、だんだんと強くなり、立ち上がる光に変わった。濃い赤オレンジ色で、幾分紫色も混じっていた。

この社殿（本殿）の内部には、御祓いを受ける人たちが、十数人ほど座っており、太鼓と笛の音が響き、巫女が舞っていた。

この内部の潜象光は、青色の中に、横の方から淡い金粉の流れがあった。

奥の院の周りは、明るい穏やかな黄色、オレンジ色の光に包まれていた。その中にはピンク系紫色も含まれていた。

四国・淡路島の旅

自凝島神社

四国・淡路島の旅が始まった。

徳島空港でS氏と待ち合わせた。東京からフェリーで車を運んでいただいたのである。

予定では、ほぼ同時刻に私の乗った航空機が、到着するはずであったが、出発直前になって、旅客の一人が預けるべき手荷物を機内に持ち込んだため、紛失した手荷物探しで、30分ばかり出発が遅れた。

最近は、テロ防止のため、旅客が持ち込む手荷物は厳重に検査される。

そんなわけで、私の乗った便は30分ほど遅れた。S氏の乗ったフェリーは予定通り徳島港につき、しばらく待ってもらうことになった。

今回の調査は、四国がメインであるが、そばにある淡路島に訪れたい神社があった。自凝島(おのころじま)神社である。

一風変わった名前であるが、古事記や、日本書紀を少しでも知っておられる方にとっては、自凝島とは、淡路島のことかと、思い出されるであろう。古事記には、まず自凝島ができたとされている。

日本書紀には、最初に淡路洲ができ、次に大日本豊秋津洲、その次に伊予二名洲という順に日本列島が出来上がったことになっている。自凝島と、淡路島とは同じである。

この神社は、兵庫県南あわじ市三原町にある。

まず、徳島から鳴門海峡を渡って、自凝島神社へ行った。

由緒書によると、古代の御原入江のなかにあって、伊弉諾尊、伊弉冉尊の国生みの聖地と伝えられる丘にある。

神代の昔、国生み創生の時に、二神は天の浮き橋にお立ちになり、天の沼矛を持って、海原をかき回すに、その矛より滴る滴が、自ずと凝り固まって島となる。

二神はこの島に降り立たれ、八尋殿を建てられたとある。

この神社は、小高い丘の上に建てられている。石段を登って、社の正面に向かう。

磁石は約10度を示している。つまり社はほぼ真南を向いている。

眼を閉じると、オレンジ色の光が視えた。赤オレンジ色に近い光である。これに若干紫色が混じった立ちあがる潜象光である。また、社殿に向かって穏やかな深い紫色が一面に漂っていた。

この社の脇へ回り込んで、丘の一番高いところあたりで視ると、２１０～２２０度の方向に、黄色の光が視えた。

この一帯は、社殿の前で視たものよりも、濃い紫色が視えた。淡いが立ち上がる光もあった。この奥の方に、八百万神社がある。

石段を下りて、赤い大鳥居のところへ行った。この鳥居は、高さが21・7メートルもある日本三大鳥居の一つといわれている。なるほど大きい鳥居である。

自凝島神社の大鳥居

この大鳥居のところから少し離れて、こんもりとした神社の丘全体を視ると、明るいオレンジ色と赤色が視えた。

また、60～65度方向に、最も明るい、強い光が立ち上がっているのが視えた。この方向は、社森のやや右側に当たる。赤オレンジ色の光である。この方向は、鈴鹿山脈の御在所山付近を通り、その先の方は、御嶽山に至る。

ここから右方向110度、120度にかけてもほぼ同じ光が視えた。この一帯は、とぎれることなく連続して明るい光が視えた。110度から120度方向は、高野山を経て、七面山、弥山を含む吉野・熊野山地に至るラインである。

このように、各地からの潜象光が集まるところである。このことから、おのころ島神社として選ばれた丘であることがわかる。

この夜は、国民宿舎慶野松原荘に宿を取った。慶野松原にある宿である。

このあたりは、瓦の生産で有名なところである。松原の中には、変わった瓦のデザインの橋や、七福神などの瓦工芸品が、林の中に展示されている。

この松原は奥深いところまで、林が続いており、見事である。しかし、瓦工芸品が展示されている付近は、林が大分まばらになっていた。宿の人の話では、大分松食い虫にやられたらしい。

奥深い松林の中にはいると、ゆったり散策したい気分になる。

翌朝は、鳴戸の渦潮をみたいと考えていたので、大潮の時間に合わせて、宿をでた。渦潮の発生する区域は、徳島側と違って、鳴戸側は少し遠いので観潮には時間がかかる。しかしここの観潮船は、立派である。幕末にアメリカに航海した咸臨丸と、日本丸を模したと思われる三本マストの帆船になっている。ただし帆は使用されていない。動力はエンジンである。

船が大きいので、渦を視るとき、高い位置から眺められる。

この日は大潮の初めの日であったし、風が逆に吹いていたので、大渦は見られなかったが、中程度の渦は、いくつか見ることができた。

渦潮見物から戻って、鳴門岬へ行った。大鳴戸橋の付け根である。ここで鳴門海峡を目前に見ながら昼食を摂った。ほんのりと甘い鯛の刺身が美味しかった。春は桜鯛のシーズンである。特に瀬戸内海の鯛は有名である。

鳴門の渦潮

大麻比古神社

大鳴戸橋を渡り、徳島側に入った。渦潮は徳島側に近いところに発生するので、観潮には、こちら側からが便利である。こちらから観潮船に乗ることもできるが、橋の上から眺めることもできる。大鳴戸橋を徒歩で歩いて、渦の発生するあたりに、真上から渦が観られるようになっている。

この日は次の大潮まで数時間もあったので、ここでの観潮は割愛した。

橋のたもとから徳島市にはいるのに、少し大回りをした。

国道11号線を少し北上し、海岸沿いに走った。すこし走ってから、左折し、大麻比古神社へ向かった。ここは旧国幣中社阿波一宮である（鳴門市大麻町）。ここには大麻比古神・猿田彦神が祀られている。

ここにも高さ16メートルの大鳥居がある。また本殿前に生い茂る樹齢約千年の大楠は、ご神木として、崇められている。

本殿の背後には、大麻山が聳えている。ここに奥宮がある。

拝殿に向かって立つと、10度の方向になる。ほぼ真南に向かって、拝殿が建てられている。

この方向と、右側60度付近の二つの方向に、オレンジ色の立ち上がる潜象光が視えた。この光は次第に強くなり、赤オレンジ色と、ピンク系紫色の混じった光となった。

10度から60度にわたり、連続した光も視えた。一方、300度から10度にかけては、ピンク系紫色が視界全体に広がって視えた。ただし、そう強い光ではなかった。

霊仙寺

このあと、霊仙寺に向かった。四国八十八カ所遍路の一番札所である。遍路の旅はここから始まる。この旅は、四国をぐるりと一回りして、香川県の大窪寺で終わる総延長1400キロメートルにも及ぶ長い旅である。

この遍路を開かれたのは、空海・弘法大師である。人生の悩み、苦しみ、悲しみなどを浄化する旅、精神を鍛える旅、自らの罪を償う旅、親兄弟子供の菩提を弔う旅など、遍路する人の目的は様々である。

最近は、徒歩ではなくて、マイカーによる遍路、あるいは遍路ツアーなどが多くなってきている。これらは一度に全行程を回るのではなく、何回にも分けて旅するやり方もでき、自分の予定に合うように、遍路の日程が組める。

私たちの旅は、潜象光を視る旅であって、遍路ではない。しかし四国をメグルとなれば、八十八カ所の霊場には、敬意を表したいと思った。

先に、高野山を訪れて、そこの潜象光が尋常ではなかったので、弘法大師は素晴らしい方だと思った。四国の霊場はこの方が開かれたのである。

霊仙寺に着いたのは、十六時頃で、潜象光も、光が落ちる時間帯なのだが、お堂に向かって立つと、一面に綺麗な紫色が視えた。仄かに立ち上がる光もあった。

続いて、近くにある二番札所極楽寺へ向かった。

三月の彼岸前であったが、白衣を着、金剛杖を持った遍路姿の人が何人もお参りしておられた。中高年の夫婦連れが目立った。

このあと、徳島を流れる吉野川沿いに走り、市内に入った。吉野川は、四国三郎の異名を持つ有名な暴れ川である。

この治水は、昔から大変だったようだが、川の氾濫は悪いことばかりではなかった。氾濫することによって、新しい土を運んでくれる。いわゆる客土を川がやってくれるのである。そのお陰で、この地方は、藍の栽培が盛んであった。藍は連作を嫌うが、吉野川がそれを補っていたのである。

今は藍の栽培よりも、居住性の方が重視されるようになったから、氾濫しないように、護岸工事の方が、大切になってきている。

この日は穏やかな流れであり、四国三郎は、暴れ川の片鱗も見せなかった。

土　柱

翌朝は、この吉野川を遡って行くことになった。目的は剣山である。途中に土柱があるので、少し寄り道をした。

徳島自動車道阿波ＰＡに車を残して、フェンスの外にでると、徳島県の名所の土柱へ行く標識がある。それに従って少し歩くと、土柱がある。

土柱は一言で言えば、崖の一部が崩壊して、そこが独特の形状になっている場所である。色々変わった名前がついており、それぞれに面白い景観を呈している。

うだつの街並み

再び車に戻り、土柱から少し走ると、脇町ＩＣになる。ここで高速道路を降り、うだつの街並みを見ることにした。

うだつとは、古い民家の屋根と屋根との間に設けられた防火壁のことである。「うだつを上げる」という言葉

うだつの街並み
軒の上に「うだつ」が見える

があるが、これは、人が成功して、財産に余裕ができて、この防火壁を作れるようになることである。つまり成功したことを意味する言葉である。

うだつはこの地方だけにあるのではなくて、各地にある。この脇町のうだつのある通りは、うだつのある大きな家が何軒もあり、綺麗に整備されていた。

金丸八幡神社

東みよし町三加茂中庄にあるこの神社のことを知ったのは、学研の『日本ミステリーゾーンガイド』である。立石が神社の周囲に立ち並んでいるという話に、興味が湧いたのである。

JR徳島本線三加茂駅のすぐそばなので、わかりやすい。

現在の社殿を囲む石垣の外側に、三方を囲むように、この列石は立ち並んでいる。

社殿の背後にあたる部分は、ほぼ残っているが、左右の列石は、大部分取り去られていた。

取り外された列石の一部は、境内に積まれていた。この町の教育委員会の調査では、387個あったそうである。


この神社のそばに、三加茂町立歴史民俗資料館があったので、この磐境についての資料があるか尋ねてみた。すると、分厚い資料の中から、八幡神社の列石に関する資料をコピーし

金丸八幡神社の列石

て頂いた。

この資料によると、以前は、高良山のような神護石であるという説があった。しかし再度調査してみると、神護石というより、結界石ではないかという結論を得たとなっていた。

私が調査した高良山の神護石とは、列石の配置がまったく異なっており、石そのものも板石で薄い石であった。また、社を四角に囲うというやり方も高良山とは異質である。

私はこの再調査の結論に強いて異論を唱えるつもりはない。ただ、私の感じは次のようなものであった。

三方を列石で囲ったこの場所は、現在社殿が向いている方角だけが、なぜ閉ざされないで、開いているかという点にある。この方向は前に山がある。この状態で、社殿に向かって立つと、北の方向になっていた。ここで眼を閉じると、紫色とオレンジ色の混じった光が視えた。

立ち上がる光はそう強くないが、仄かなオレンジ色であった。
時刻は午後四時頃であったから、若干光は落ちていたかも知れぬ。
周囲の列石からは強い光は出ていなかった。かすかに光る程度であった。
英国のストーンサークルの個々の列石とは、大きさも違うので、それなりの光である。個々の列石は近くで採れた緑泥片岩であるという。『岩石・鉱物の写真図鑑』（日本ヴォーグ社）によると、緑泥片岩は記載されていない。ただし、緑泥粘板岩があり、この説明として、泥質岩に由来するとある。石英、長石、雲母を含むとなっている、緑泥岩を含むため、色は緑である。また片岩の説明では、粘板岩は適度の熱と圧力を受けうと、中粒の片岩になると説明してあった。

これを総合すると、この神社の立石には、石英が含まれていることになる。つまり、石英を含む岩石で構成された列石である。だから仄かではあるが、潜象光を集めているのである。単に近くにあった岩石を持ってきたわけではない。ちゃんとした理由があったのである。

前方にある山からの潜象エネルギーを受けられるように、三方を列石で囲ったのである。こうすることによって、内部に自然エネルギーを蓄積させたのである。

ではそこに何があったのか？そこまではわからないが、後世、この中に神社を建てたのは、そういう自然エネルギーが集中する場所と知ってのことであろうと推察される。

善通寺

香川県善通寺市にあるこの寺は、七十五番札所である。というよりも、弘法大師生誕の地に建立された寺といった方が有名である。

真言宗善通寺派の総本山になっていて、本尊は薬師如来である。

薬師如来堂に向かって立つと、明るい赤オレンジ色の光が立っていた。この方向は３４０度である。太陽を背にして立っていた。このお堂の左右90度方向にも、同じような光が視えていた。

また、大師堂の内部は、眼を閉じると、黄色い粒子の光が、丸い形にまとまって視えた。視界の下の部分には、青黒い光が漂っていた。この黄色い光であるが、先般、高野山で視た光に比べると、弱い光であった。

駐車場に戻り、五岳山（香色山、筆山、我拝師山、中山、火上山）の方向、特に香色山の方向に、赤オレンジ色の光が立っているのが視えた。

また、１４０度方向に、赤オレンジ色の強い光が立ち上っていた。こちらの光が強かった。この方向には、讃岐山脈の竜王山がある。

金比羅宮

社号は金比羅神社・琴平神社などとも書く。

大国主命の和魂で、大和国の大神神社の祭神である大物主神を祀ってある。

この神社のある大麻山（５２１メートル）は、南東の部分が象の頭に似ているので、象頭山とも呼ばれている。

江戸時代、庶民が「一生に一度は」と、お宮参りをしたのは「お伊勢詣り」と「金比羅さん」であった由。

石段が多いのも有名で、奥宮までは１３６８段あるという。本宮のところまででも七百段以上ある。

私たちは本宮の上、白峰神社のところまで登った。この神社には無実の罪で讃岐に流された崇徳上皇が祀られている。

本宮脇の広場は、展望台にもなっていて、讃岐富士とも言われる飯野山が、綺麗な姿を見せていた。

一般には金比羅さんと、親しみを込めて呼ばれているが、その由緒について、『神社辞典』（東京堂出版）には、次のように述べてある。

金比羅とは、薬師十二神将の一つで、宮比羅大将または、金比羅童子にあたる。今の中部

金比羅宮

インドのマガタ国の首都、王舎城にあるビフラ山、またの名を象頭山（梵字）に住んでいて、王舎城の金比羅と称される。原語のクンビーラは、サンスクリットで鰐の意である。

ガンジス河に棲む鰐を祀ったものだが、進化して、仏法の守護神となった。

鰐神はまた、海神竜王とされ、祈雨や海難祈願を納受する神であり、我が国に垂迹して、金比羅大権現となった。金比羅宮は全国に鎮座し、分社として683社を数える。


石段を上り、朝日社のところで、潜象光を視た。社に向かって立つと、オレンジ色に赤色の混じった立ち上がる光があった。この位置で右30度方向にも、同じような光が視えた。これらの色は鮮やかであった。

本殿脇の見晴台のところで、磁石30度方向にある飯野山方向を向いた。この山は、小型の富士山の形をしている山である。

この山を中心として、左右30度にわたって、立ち上がる明るい黄色の光が視えた。この光はすぐにオレンジ色の強い光に変わった。

また、本殿の方向は、赤紫色を含んだオレンジ色の強い光が立っていた。本殿からさらに左の方へ歩いてゆき、そこでも潜象光の様子を視た。

この場所から視ると、60度から２２５度の広範囲にわたって、立ち上がる光がいくつもあった。オレンジ色・黄色が連続していた。２２０度付近が最も強い光であった。

この範囲には、丹後山地から、六甲山、吉野・熊野の山々や、剣山を含む四国山地の東半分を占めている山々がある。

金比羅宮を降りて、昼食に有名な讃岐うどんを食べた。残念ながら、普通のうどんと変わりがなかった。この店のうどんは、讃岐うどん独特の引きの強いものではなかった。

このあと、弘法大師が造ったとされている満農池に向かった。地元の農民が水不足に悩んでいるという話を聞いて、大師が池を掘られたのである。現在は当時よりも拡張されている。この池のお陰で、多くの農民が潤ったのである。

この池から、車ですこし走ったところに、讃岐うどんの看板が見えた。看板から50メートルほど奥の方に店があった。

先程のうどんに失望していたので、試みにこの店に立ち寄った。建物は、農家を改造したように、あまり見栄えはよいものではなかった。

しかし、出されたうどんは、本物の讃岐うどんであった。しかも値段が先程のものの半分であった。安くて美味しいうどんに出会えたのである。これもお大師様の功徳なのであろうと思った。

剣山

剣山への二つのルートをトライしてみたが、一日目は、残念ながら、山の視えるところまで行き着くことはできなかった。最大の理由は、四月にならないと、道路の閉鎖が解除にならないからである。この年は二週間ほど気候が先行していて、春の訪れが早かったので、もしかして、道が通れるようになっていないかと、期待したが駄目であった。残念ながら、この日は剣山の潜象光を視ることはできなかった。

次の日に、再度剣山を試みることにした。今回の調査のメインは、剣山と、石鎚山であった。だからどうしても、剣山の潜象光を視たかったのである。

この日は別のルートを試みた。

西祖谷村から、かずら橋のそばを通って、東祖谷村に入る国道483号線を経由するルートである。

事前の調査では、このルートは、何カ所も道路工事を行っており、完全閉鎖ではないが、長時間閉鎖されて、通れる時間は僅かとのことであった。だから午後二時過ぎから山へ向かうのは、無理に近かった。一度は敬遠したルートであったが、この時期、ほかに道がなかったので、とにかく、トライしてみることにした。

すると幸いなことに、この日は、工事が中止されており、閉鎖区間はないことがわかった。ただし、午後六時以降は、道路が閉鎖されると知らされていた。

それで、遅い出発にはなったが、剣山を目指して車を走らせた。

途中、有名なかずら橋が掛かっていた。しかし、ここには、多くの観光客が来るようになったせいであろう。その近くに大きなホテルが建ち、大きな駐車場もできていた。大きなコンクリートの橋もあった。

またかずら橋のすぐそばにコンクリートの橋が架かっており、この橋からすぐ隣のかずら橋が見えるようになっていた。近代建築が、あまりにもそばにあったので、写真を撮る気も起こらなかった。

かずら橋は深山幽谷に掛かっていてこそ、かずら橋のイメージが湧くというものである。その周りがこんなに近代化されると、少しもその良さがない。なんだこんなものかという感想になってしまう。はなはだ残念であった。

観光開発というのは、単に観光客が大勢来ればよいというものではない。この先にある二重かずら橋のところは、まだ、こんな風になっている様子ではなかったが、早晩、似たようなことになるのではないかと心配である。自然の中にひっそりとあってこそ、かずら橋の価値があると思うのは、私だけではないと思う。

かずら橋を過ぎ、曲がりくねった山道をひたすら剣山へ向かって走った。時間の制約があるので、二重かずら橋のところは、橋への降り口をちらりと見ただけで、通り過ぎた。それでも剣山の見える見の越に着いたときは、すでに午後五時になっていた。山は日が落ちるのが早いし、この時間でも、多少暗くなりかけていた。見の越からは、剣山の頂上に登るケーブルカーがあるが、これが動くのは、四月以降である。この日はもちろん動いていない。

前々日に降った雪が、道路にもあちこち残っていたが、この場所では、駐車場の一番上に

剣神社

は、十センチほど、雪が一面に積もっていた。

ここに車を止めて、早速山に向かって眼を閉じた。山の頂上の方は、１４５～１５０度になる。五時を過ぎたので、そんなに強い光は現れなかった。それでも、赤に近いオレンジ色の立ち上がる光が視えた。視界の下の方には、若干紫色が視えた。芯のある光であった。

到着が遅くなったので、本来の山の光は視られなかったと、残念に思い、山に向かって「遅くなってしまったので、本来の山の潜象光が視れず、失礼しました」と、心の中で謝した。

すると、山の光が急激に変化した。色はほぼ同じであったが、非常に明るく強い光に変わった。

「これが剣山の本来の光である」と思った。驚くほどの変化であった。山の神に視せて頂いたのである。遅くなっても、ここまで来た甲斐があった。本当によかったと、山の神に厚くお礼を言った。不思議に思われるかも知れないが、こんなことは時々起こる。

ここにある剣神社には、安徳天皇、大山祇命、素戔嗚尊が祀られている。

ここからは、140〜280度にかけても、赤オレンジ色の立ち上がる光が視えた。剣山よりはやや弱いが、明るい光が連続していた。

この方向は、石鎚山を含む四国山地に当たる。

潜象光を視終わったので、道路が閉鎖される前に急いで山を下りた。幸いにして閉鎖されるゲートを五分前に通過することができた。

道路工事がこの日中止されたり、暗くなりかけたのに明るい山の光を視せて頂いたり、山の神の配慮があったことに感謝して、次の予定である高知へ向かった。

高知城・足摺岬

剣山からの帰りが夕方になり、高知に着いたときは、八時近かった。

宿を決め、夕食に、はりまや橋近くの料理屋に出掛けた。土佐料理で有名な司は、皿鉢（さわち）が三人以上となっていたので、敬遠した。二人では食べきれない。

近くにある店で、ミニ皿鉢二人前というのを見つけ、そこへ入った。

S氏は皿鉢は初めてなので、この料理に興味を持っていた。皿鉢といっても、皿に盛られている料理は、店によってそれぞれ違っている。必ずあるのは鰹のたたきである。美味しく頂いて宿に戻った。

翌朝、多少時間にゆとりがあったので、高知城へ出掛けた。以前、仕事の関係で、高知は何度も訪れてはいるが、城は遠望するだけで、中に入ったことはなかった。

築城は山内一豊である。NHKの大河ドラマ「功名が辻」でも放映されたから大抵の方はご存じと思うが、この城の天守閣は、現存する全国十二城の一つである。国の重要文化財にもなっている。入場券の裏にある豆知識には、天守閣は一度炎上して、一七四九年に再建されたとある。

天守の形式は、四重五階で、高欄付の望楼型と呼ばれる古い様式であることや、御殿を中心とした本丸部分が、完全に残っているのは、高知城だけなどの説明があった。

この高欄があって、天守を囲む回廊を歩くことができるので、四方の眺望がよい。東西南北が全部見渡せるのである。

それに天守から眺めた城の甍の配置が、複雑でデザイン的に面白い。

この天守から視た潜象光は次のようであった。

北北東、および、北北西の方向にそう強くはないが、立ち上がる黄色とオレンジ色の光が視えた。北東の方向にもこれと似た光が視えた。

南側は、南東から南西にかけて、幅広くオレンジ色、赤色の光が視えた。この方向の光が一番明るかった。

北西から北東にかけては、四国山地がある。南の方は太平洋である。海からのエネルギーも強い。

繁華街に戻って、はりまや橋を見に行った。私がこの橋を最初に見た時は、道のそばにぽつんと朱塗りの欄干があっただけだった。現在は、橋になり、その下には水があり、公園風に作り直してあった。

民謡で有名なはりまや橋が、あまりにも風情がなさすぎたので、周りをそれらしくしつらえたのであろう。

足摺岬

お昼になったので、今度は司で昼食を摂った。もちろん鰹のたたきである。魚の新鮮さもあろうが、たたきの作り方がよく、香りも豊かで、東京で食べていたよりも、美味しかったとS氏は言っていた。
このあと、桂浜を経て西の方、足摺岬を目指した。
桂浜から足摺岬まで、できるだけ海岸線に

沿って車を走らせた。その分時間は掛かったが、この日は天気がよくて、海が明るく光っており、ブルーの色がとても綺麗であった。

入り組んだ入り江をいくつも眺めながらの旅となった。海を眺めての旅となったので、足摺岬に着くのが遅くなり、足摺の観光案内所に電話して、宿を探してもらった。

とても親切に、温泉のあるところを紹介してくれた。

この宿は遍路宿であった。夕陽が海に沈む頃宿に着いた。

海に落ちる夕陽は大きくオレンジ色に輝き美しい。

お彼岸の前後にこの浜では、海面に映えていっそう美しいという。この日は上空は薄雲が広がっており、落日の美しさは見られなかったが、その代わり、淡いピンク色の夕焼け雲が何とも言えない和やかで安らぎのある雰囲気を漂わせていた。

七、八人の同宿の方は、いずれも遍路の方であった。マイカーでの人、足腰が不自由な人を庇ってのタクシー旅、歩いての旅と、様々であった。土佐路の遍路はお寺の間隔が離れているので、歩いてゆくのは、忍耐を要しそうである。三十六番札所青龍寺から、三十七番札所岩本寺まで徒歩十六時間、岩本寺から三十八番札所金剛福寺の間は、徒歩二十五時間など、いずれも離れている。

もっとも、ただ一人黙々と歩くのも遍路の目的の一つであろうから、それを苦にしてはおられないだろう。一人で歩くときも、同行二人といい、弘法大師が付いて頂けるそうなので、淋しさはないのであろうか？

ここの遍路宿で、今は、遍路案内のガイドブックがあり、便利になったという話が出た。この本には宿の案内も付いているという話であった。

この方々の朝は早い。六時には朝食を摂り、宿を早めに旅立たれる。いつも七時以降の朝食となる私たちも、六時半に朝食となった。

この日は、まず、足摺岬にある金剛福寺にお参りした。このあと、足摺岬の展望台へ行った。断崖の上にあるこの展望台からは、視界が２００度以上に開けていて、茫洋たる太平洋が眺められる。何となく水平線が丸みを帯びているように見えた。

脚下の方を見ると、荒磯に打ち付ける白波が青い海に映えて美しい。

ここには、ジョン万次郎の像がある。

このあとも、できるだけ海岸沿いに走り、宿毛市を経て、愛媛県の愛南町へ入った。

観自在寺から大洲のメンヒルへ

愛南町には、四十番札所観自在寺がある。前夜、話に出た遍路案内をここで買い求めた。「四国八十八カ所霊場遍路地図」（歩きコース、乗車コース）や、「四国遍路ひとり歩き同行二人」といった遍路案内の地図が発行されていて、予定を立てて行くことができる。開いてみると、丁寧な案内になっていた。これがあれば、初めての人でも心配ないであろう。

この寺では、潜象光を視ることになった。お詣りのために本堂の前に立って眼を閉じたら、堂内が青紫色に変わった。暗い色ではなかく、明るい青紫色であった。

最初は、龍が何体か堂内を舞っていた。それから堂内に、黄色（金粉と言うには弱い色）の粒子がほぼ円形に広がった。

この本堂を外から眺めたら、青紫色ではなくて、黄オレンジ色の光が視えた。堂内だけが青紫色であった。

この後もできるだけ、海岸線に沿って車を走らせた。高知の海にひき続き、愛媛の海も美しかった。余裕があれば、宇和島市の宇和海めぐりができればよかったが、そこまでは無理であった。このあたり、足摺宇和海国立公園になっている。

この日の予定は、大洲である。

この街は、伊予の小京都と呼ばれていて、数十年前になるが、ＮＨＫの朝の連続ドラマ「おはなはん」の舞台になった町である。その一郭は古い家並みが、そのまま保存されている。

ここでの目的は高山のメンヒルである。このメンヒルは町の西部の山中にある板状の巨石である。探すのに少し苦労したが、ガソリンスタンドでその位置を教えてもらい、メンヒルのある場所へ着いた。

早速巨石に向かって立つと、275度方向であった。立ち上がる黄オレンジ色に、若干赤色の混じった光が視えた。下の方は、ピンク系紫色が漂っていた。

この位置で、大洲の町を隔てた反対側、120方向の山、その奥の山、および、85度方向にオレンジ色の明るい光が視えた。これらの山とメンヒルは対応しているようである。

この街には、これ以外にもいくつか巨石があり、古い昔、巨石文化があったのではないかと思われる。

高山のメンヒル

昼食は市内の「いずみや」で、日本食になった。焼き物、天麩羅、煮物、刺身など付いて、思いがけずしっかりとした料理であった。もちろん味もよかった。この値段でこんな料理を頂けるとはと、嬉しかった。

大いに満足して、近くの臥竜山荘のたたずまいを眺めた。鵜飼いで有名な肱川のほとりに建てられた数寄を凝らした山荘である。このそばでおうすとお菓子を頂いて大洲を後にした。

石鎚山

四国の旅も大詰めに近づき、最後の目的地石鎚山を目指すことになった。

大洲から内子を経て、松山市に入った。この街は道後温泉を舞台にした小説、夏目漱石の『坊ちゃん』で有名である。

また、俳人正岡子規が生まれたところである。今でも、松山では俳句が盛んである。漂泊の俳人種田山頭火が旅をしながら、終焉の地になったのも、この街であった。「おちついて死ねそうな草枯るる」は松山で詠まれている。

山頭火の句との出会いは、奥三河の鳳来寺山であった。ここには数十句残されていた（『霊山パワーと皆神山の謎』参照）。

次は九州肥後である。「分け入っても分け入っても青い山」がそれである。

俳句のしきたりにとらわれず、自分が思うがままの感覚で詠んだ、山頭火の自由律俳句は、素朴な印象を与える。彼の俳句を好きな人が多いのはそのせいであろう。

翌朝、石鎚山に向かって車を走らせたが、松山市の道路の混雑は相当なものであった。こ

石鎚神社の鳥居

れまでで交通渋滞は一番酷かった。

そこを何とか切り抜けて、西条市についた。西条市西田には、石鎚神社、口の宮石鎚本教本社がある。国道11号線沿いなので、わかりやすい。

こちらは表参道である。石鎚山へ登るのに、面河渓の方からも行けるが、この時期は、道路が閉鎖されていた。

楼門をくぐり、参道を前へ進むと鳥居がある。本州や、九州から来た人には、見慣れない鳥居である。この鳥居は一般の神社のものとは異なっている。

二本の柱を立て、その上部に、竹に注連縄を吊したものを掛けてある。

この鳥居、阿波一宮でも見掛けたが、鳥居の原形とでも言うべきであろう。珍しい形である。

この形とはまったく違うが、青森県南津軽郡尾上町にある猿賀神社（弘前駅前よりバス10キロメートル）

には、石柱の上部が半円形になって、全体として逆U字型になった鳥居がある。

まだ訪れたことはないが、京都広隆寺近くの蚕ノ社（木嶋坐天照御魂神社）には、三本の石柱を建てた鳥居があるという。

参道を進み、本殿の手前の広場で、周囲から来る光を視た。１２０度、１８０度、２２０～２３０度方向に掛けて、明るく強い光が立ち上がっているのが視えた。

磁石で１２０度の方向は、ぴたり剣山を直撃している。また１８０度方向には、伊予富士、扇山がある。２２０～２３０度方向には、石鎚山が鎮座している。

拝殿の方は、３２０度方向になる。

拝殿の中で、眼を閉じると、青い光が満ちていた。その中に、淡い金色の粒子が一面に散らばっていた。以前視た静岡県の三島大社のキラキラした金粉と比べれば、幾分弱い。その中で、龍が舞っていた。そして角の生えた龍の横姿をみせてくれた。歓迎してくれたのである。有り難うと応えた。

拝殿の手前、５～６メートルのところで、社に向かって立ち、社全体を視ると、非常に明るい赤オレンジ色が目の前一杯に漂っていた。この中には、紫色も含まれていた。立ち上がる光も、オレンジ色主体であり、その中には、いくつかの渦も視えた。渦があるのは、強い潜象光の特徴である。

社殿は、石鎚山の方向とは、向きが違うが、このような強い光が視えた。石鎚山、剣山などからの光がこの地に、集中しているからであろう。

このあと、社務所の方に、石鎚山を見たいが、どのあたりに行けばよいか尋ねた。すると、成就社へ登れば山が見えるとのことであった。成就社へ登るロープウエイは、動いているという話だったので、山道を走り、ロープウエイ駅へ行った。

ここのロープウエイは二十分間隔なので、あわてることはなかったが、係りの人にせかされて、あわててゴンドラに飛び乗った。

約七分半ほどで、頂上駅に着いた。この時期はあまり人が来ないらしく、私たちのほかには、スノーボードを持った若い女性二人が乗っていた。山頂駅から、リフトに乗れば、この時期でもスキーができるのである。

この成就山頂駅から、成就社までは、約二十分と説明があったが、ちょうど、降りてきた人がいて、山道には雪があり、滑りやすいというアドバイスを受けた。

登りは大丈夫かなと思い、一度は登り道の方へ行った。折よく杖にできる木の枝を二本、S氏が見つけてくれた。これを使うつもりであったが、少し心配になり、スキーのリフトを使うことにした。リフトを使って、展望台まで行き、そこから多少のアップダウンはあるが、横に歩いて、十分ほどのところに、成就社がある。

成就社とは、願い事が成就する社の意味である。この成就のいわれについて、神社のパンフレットには、次のようになっている。

成就社は一三〇〇年の昔、石鎚山開山の祖・役行者が、石鎚山頂を拝さんとして、山頂を目指したが、どうしても山頂に至ることができなかった。ところが、成就社境内で、白髪の老人に出会った。この老人はひたすら「斧を研いで針にする」とのことであった。

この言葉に小角は感銘し、再び行を続け、石鎚山を開山することができた。因みにこの老人が、石鎚大神（石鎚毘古命）だと伝えられている。

以来、小角の心願が叶ったことから、ここを「成就」と称し、社が祀られたという。

このパンフレットにある石鎚山の写真は、その形がヨーロッパのアルプスにあるマッターホルンの姿によく似ている。ミニマッターホルンである。マッターホルンは４０００メートルを超す山で、その特異な姿は、一度見ると忘れられない。

この神社が出している別のパンフレットには、和魂、奇魂、荒魂のことを、和魂は仁（やさしさ）、奇魂を智（賢さ）、荒魂を勇（たくましさ）と、解説してあった。こういうことも言えるが、珍しい説明である。

石鎚山は役行者が開山しただけあって、現在でも修験の山である。修験の人は、三つある鎖場をよじ登って奥宮頂上社に至る。毎年、七月一日から十日間、お山開きがあり、多くの信者がこの鎖を伝って、頂上を目指すという。

鎖場で思い出すのは、立山に行ったときのことである。室堂平から弥陀ヶ原を経て、弥陀ヶ原ホテルに至るトレッキングコースがある。その途中に、獅子ヶ鼻の難所がある。

ここにはいくつもの鎖場が続いている。鎖禅定路と言われた修験の道である。ここも役行者が開いたと言われている。修験の人はこの鎖場を登っていくのである。このとき、私たちは降りてゆく方向だったので、登りに比べると楽であった。降りきってからふり返ると、登るのは容易ではないと思った。

当時、膝に故障のあったS氏はこのあと、一ノ谷の登りのところで、だれかに背中を押してもらったので、助かったと言っていた。

山や神社のことを調べていると、随所に役行者に出会うのである。

さて、成就社で視た潜象光の様子は、次のようであった。

成就社拝殿前に着いたのは、午後一時頃で、薄曇りであった。雪をかぶった石鎚山が正面に見える場所（山頂は弥山）に立った。最初、上方に紫色がたなびき、下の方は赤紫から赤オレンジ色、オレンジ色が漂っていた。その内、中央部がV字状に凹んで、この部分が薄緑色になった。

また、この山の周辺全体が、濃い赤オレンジ色一杯に包まれていた。正面の山の方（弥山）には、濃い立ち上がる赤オレンジ色が視え、これには多少紫色が混じっていた。

この方向は、北側から山頂を見る位置で、２１０～２３０度ぐらいになる。雪も未だ残っていた。ここの光は芯のある立ち上がる強い光である。帰り際に、お礼を言ったら、いっそう明るい光になった。山の神が応えていただいたのである。

成就社社殿内には、一面に青い光が漂っており、その中に数多くの黄色い粒子が視えた。

お昼を大分過ぎてしまい、境内にある食堂で遅い昼食を摂った。丁寧につくられた山菜定食が美味しかった。こんな山の中でと、意外に思えるほどであった。

帰りは、リフトを使わず、歩いて下山した。道の大部分に雪が残っており、ところどころ凍っており、滑るので注意して歩いた。登る前に見つけた木の枝の杖が、大いに役に立った。

S氏は、山の神が持っていくように準備されたのだと言った。本当にそうである。有り難かった。下山の間、転ばないように、ずーっと庇っていただいていたとも言った。

ケーブルカーの頂上駅の近くまで降りてくると、展望台がある。ここからは弥山の方ではなくて、別の方向の山々を見ることができる。この周りの山々の潜象光も綺麗である。漂うものは、オレンジ色とピンク系紫色が、層を成している。立ち上がる光も何条かあった。色は濃いオレンジが主体であった。この展望台から見える山は、左から黒森山、笹ヶ峰、瓶ヶ森、氷見二千獄原、子持権現山などである。

石鎚山の調査が終わって、予定した四国が終了したので、本州へ戻ることになった。最初は、今治から福山へ抜けるしまなみ海道を通って山陰へ行く予定であった。瀬戸内海の島々が眺められるからである。このルートは撮影ポイントになっている。しかし、この日、夕方近くなって霧が発生してとても島は見えそうにもなかった。

それに、カーナビが瀬戸大橋を渡り、岡山から山陰へ行く方が早いと、ルートを示したので、このルートを走ることにした。

瀬戸大橋の途中、与島のパーキングエリアに立ち寄った。ちょうど、夕陽が沈む直前であった。このあたりも霧が大分出ていて、近くにある島も大分霞んでいた。その霞の中に、輪郭がぼやけた柔らかい光の太陽が、ゆっくり沈んでいく風景に出会った。この太陽を受けて海上には、仄かな照り返しがあり、幻想的な光景であった。このルートを選んでよかった。

九州の山々と神社

高千穂神社と高千穂峰

九州は出雲と同じく神話の国である。

そのよってくる由来は、古事記にある。古事記は、第二次世界大戦が終わるまで日本の歴史そのものであった。

それによると、伊弉諾尊、伊弉冉尊の二神が鉾を持って海の水をかき回しそれを引き上げて鉾から落ちた滴が島となり、日本列島が誕生した。そこへ神々が降り立ち、日本の国が始まったとされている。そしてその子孫である神武天皇が、日向の美々津の浦から東征の旅に出航した。そして大和の国を平定し、そこに王朝を開いたのが、日本皇室の始まりである。

この古事記の記述の真贋については、日本語のルーツのところで述べた。

古事記にある伊弉諾尊、伊弉冉尊の両神が降り立ったのは、宮崎県の高千穂峰であり、天孫降臨の地と呼ばれている。

高千穂峰（写真：岩切新氏提供）

現在、その山頂には、「天の逆鉾」と呼ばれる剣が立っている。いつ、誰が立てたかは不明である。

鹿児島県との県境に近いところに聳えている高千穂峰（標高１５７５メートル）は、昔、「雲に聳える高千穂の……」という歌が作られ、紀元節（二月十一日、現在建国記念日）には、学校でこの歌を歌わされたものである。

霧島山系にあるこの山は、独立峰に近く、場所によっては、梯形の台地の上に、雄大な三角錐が立っているようにみえる。

私がこの山に登ったのは、二十年も前のことである。このときは、姉千穂子と義兄の三人で登った。姉の名は、高千穂峰の見えるところで生まれたので、父浄がこう名付けた。

この山に登ると登山記念として、証明書のようなものをくれる。

しかし、不思議なことに、宮崎県には、もう一つ天孫降臨の場所といわれているところがある。県北にある高千穂村がそうである。

ここにも天孫降臨の伝説があり、天岩戸神社や、高千穂神社がある。

天岩戸神社は、西本宮境内社殿の背後、断崖の中腹に岩屋があり、ここが天照大神が籠もられた岩屋と伝えられ、このあたりをご神体としている。この神社には東本宮もあり、共に天照皇太神をお祀りしてある。

西本宮から約500メートル川上に、八百万の神が集まって相談したという天安河原がある。また、西本宮の西2キロメートルのところには、天の香具山もある。

高千穂村には、この他にも古い神社が散在しており、古い伝説の村の趣を漂わせている。

この高千穂村は、山々が幾重にも連なる山襞に囲まれた深い山里である。

ここで有名なのは、深淵に瀧が流れ落ちる高千穂峡の景観と、岩戸神楽である。両岸が迫った断崖の間に、渓谷があり、そこに瀧が流れ落ちる様子は、百選にも選ばれる程、幽玄な山峡の趣を呈している。

観光バスが多くの観光客を運んでくる。山奥なので、昔はここへ来るのは不便であった。最近は、道路や橋が整備され、宮崎県延岡や、熊本県から車で来るのがすごく便利になった。

だから観光客も、訪れやすくなった。これらの人たちに見せるため、毎晩一時間ほど高千穂神社の神楽殿で、岩戸神楽を舞うのである。

秋の収穫が終わり、冬に向かう頃、氏神様のお祭りとして、夜神楽が始まる。この祭りの趣旨は、収穫への感謝、太陽の復活、鎮魂儀礼の冬祭り、そしてその年の五穀豊穣を祈る春祭りがある。したがって、十一月下旬から、十二月、一月そして、二月と続く。高千穂村を訪れたのは、たまたま、この年の夜神楽の日程が組まれた最初の日であった。場所は、押方地区五ヶ村東活性化センターであった。ここの神様は、中畑神社である。

そもそも、この地方の神楽の由来は、天照大神が天の岩戸に隠れられた折り、天細女命が面白可笑しく舞って、天照大神が岩戸を少し開かれたとき、手力雄命が一気に岩戸を押し開いたという神話が始まりと伝えられている。

だから、三十三番の舞の中には、手力雄、細女、戸取、舞開などの舞が組まれている。

この神楽は、神事から始まる。まず、彦舞であるが、これは四方拝をする。次の太殿は注連を張って、高天原とし、ここに八百万神を招く。次の神降ろしも、降神の舞である。

このあと、演目が進み、太刀や、弓を持っての厄払い、火伏せの舞、五穀の舞、滑稽な舞など、三十三番が舞われる。

このように、晩秋になると、村の各集落ごとに、昔から伝わる岩戸神楽が催される。この

高千穂神楽

場所は、神楽宿と呼ばれ、持ち回りなので一つの集落で、この神楽を舞うのは、四年に一度であるという。これらの神楽宿は、村の各部落にそれぞれ置かれている。

この神楽は、夜の六時から七時にかけて始まる。ここで舞われる神楽は、部落によって多少順番の違いはあるが、三十三番の舞がある。最後の演目が終わるのは、翌朝になる。

昔ながらの神楽である。祭壇をしつらえ、神様に供物をお供えをし、そこのところに神楽面が置かれている。

舞い手がお面を使う場合は、神職が祭壇のところに置いてある面を取り、それを舞い手に渡すのである。舞が終わると、その面を再び神職に返し、祭壇に戻される。

それから次の神楽が始まる。

私が訪れた夜は、大雨であったが、皆さんは熱気にあふれた神楽を舞っていた。時々、舞い手は休憩し、酒と食事が振る舞われる。その時は見物客にも夜食が配られた。

高千穂峰を視るのに、今回は、霧島山中にある「神話の里公園」から山全体の潜象光の様子を調べた。

ここからは約77度の方向に高千穂峰が聳えている。眼を閉じると、明るい紫色が一面に漂っており、綺麗な赤オレンジ色の立ち上がる光が視えた。

この場所で、方向を転じると、１２０度方向には、オレンジ色の立ち上がる光があり、20～55度方向にかけても、赤オレンジ色の明るい立ち上がる光が視えた。

１２０度方向は、鰐塚山地を経て、日南海岸の鵜戸神宮方向になる。ここには、海中に屹立する巨石群がある。

20～55度方向には、えびの高原がある。そこには韓国岳、夷守岳(ひなもり)などがある。そしてさらにその先の方には、阿蘇山、久住連山がある。そのまた先の方には、英彦山がある。

２８０～３２０度方向、３４０～40度方向も潜象光の様子は同じであった。

３４０度方向は、熊本県国見山地を経て、長崎県島原半島雲仙岳に至る。さらにその先には、佐賀県との県境に多良岳がある。

この方向から、北の方へ向かっては、佐賀県の天山があり、その北東には、福岡県との県境に在る背振山地が連なっている。

このように、至るところに明るい光が視えた。紫色も帯状になって、このオレンジ色に混じっている。どの方向を視ても明るい光が視える場所である。この場所は目を開いて景色を眺めても、おおらかな景観が楽しめる。

言ってみれば、九州で潜象光を発している山々を一望できる場所が、神話の里公園なのである。もちろん山々は見えないが、そこから発している光が視えるという意味である。

高千穂峰がよく見える場所と思い、ここで潜象光を視ようと思ったのであるが、思いもかけず、もっともよい場所に連れてこられたのである。

山の神が場所を選んで教えていただいたのであると、感謝した。

こういう場所は久住高原でもう一度現れた。

霧島神宮

由緒書きによれば、三種の神器を奉じて、高千穂峰に天降った瓊瓊杵尊（ににぎのみこと）を祭神とし、相殿は木花咲耶姫尊、彦火火出見尊、鸕鶿草葺不合尊（うがやふきあえずのみこと）、磐余彦尊、豊玉姫尊、玉依姫尊となっている。

旧記によると、元々高千穂峰と、お鉢（噴火口）との中間背門丘というところに、本宮があったが、噴火のため焼失し、その後何度か火災に遭っている。

現在の社殿は、今より二百八十余年前、島津吉遺公の寄進により再建された。朱塗りの本殿、拝殿、登廊などは、国の重要文化財に指定されている。

なお、明治七年官幣大社に列せられている。

本殿の前で、眼を閉じると、漂う潜象光も、立ち上がる光もオレンジ色主体のもので、それに淡い紫色が含まれている。

この境内では、220~240度方向、285度方向に強く明るいオレンジ色の立ち上がる潜象光が視えた。なお、220度方向には桜島がある。現在も噴煙を上げている活火山である。古来より、この島は薩摩に住む人々の心の拠り所になっている山である。

230~240度方向は、薩摩半島であるが、地図上で調べてところでは、特筆すべき山は見当たらなかった。285度方向も同じであり、その先の方は東シナ海になる。もしかしたら海中に何かがあるのかも知れない。

神宮の手前の広場には、飲食店や土産物を売る店が建ち並んでいる。

何度かこの神宮に参詣しているが、立ち寄る店は、大抵「薩摩蒸気屋」になる。鹿児島付近は、「かるかん」饅頭が有名である。この店のかるかんが何となく好みになった。かるかんは山芋の粉で作る。この店のかるかんよりも上等のかるかんもあるが、ここのものが山芋の粘りがほどよくて、よく買い求める。本店は鹿児島市内にある。

鹿児島暦

霧島神宮で、S氏が珍しいものを買い求めた。「かごしま暦平成十九年丁亥年」である。

この暦は、元々は、さつま暦と呼ばれていた。最初に作られたのは、安永八年（一七七九）

である。

島津重豪公が、鹿児島城南の地に、暦局を建設し、天文館と名付けて、薩摩藩内の暦を、すべてここで頒布したとある。

この天文館のある通りは、いま、市内随一の繁華街になっている。

現在この暦を発行しているのは、鹿児島県神社庁である。

この暦の基本は、通常国の神社庁で発行されている暦（和暦）の形式である。ただしこれに鹿児島県独自の追加事項が記載されている。

例えば、鹿児島三大行事や、妙園寺詣りの歌、四大節の歌などである。

三大行事の一つは、曽我（どん）の傘焼きである。曾我兄弟が富士の裾野で、父の仇を討った話を歌にしたもので、これを歌いながら、稚児（幼児）が、古い雨傘を集め、山のように高く積み上げ、日が暮れると、火をつけて、その周りを歌を歌いながら、回り歩くという行事である。

二つ目は、赤穂義士伝輪読会である。赤穂義士の武士道精神を、薩摩武士の精神涵養に役立たせる目的で、行われた行事である。

当日の夜、各座元に集まり、十五巻に及ぶ赤穂義士伝を輪読するものである。日暮れに始まり、夜を徹して行われるという。

三つ目は、妙園寺詣りである。これは、関ヶ原合戦の際、島津義弘公以下が敵陣の中央突破を行い、山岳地帯を三日三晩走り、その苦闘の末、鹿児島に帰り着いた。それを偲び、平和な世に志気を高め、心身を鍛錬するために、鹿児島城下士たちが、九月十四日（旧暦）夜、伊集院徳重神社（義弘公菩提寺妙園寺）までの20キロメートルを、鎧兜に身を固め、「チェスト（行け）関ヶ原」を連呼し、歌を歌いながら、徒歩で参拝するというものである。

この妙園寺詣りの歌は、二十二番まであるが、これも記載されている。

その歌詞の一部を抜粋する

銃雷ととどろけば
太刀稲妻ときらめきつ
天下分け目の戦いは
今や開けぬ関ヶ原

興亡すべて夢なれど
敵に背を見せざりし
壮烈無比の薩摩武士

誉れは永久に匂うなり

この歌には、当時の薩摩藩の悔しさが出ている。このような行事が、薩摩藩で、連綿と続いていたのが、倒幕、明治維新の原動力になったのではないかと思われる。

また四大節とは、新年、紀元節、明治節、天長節である。現在は、紀元節は建国記念日、明治節は文化の日、天長節は昭和の日と、名称が変わって、祝日となっている。

これらには、それぞれ固有の歌があり、戦前・戦中は小学校でも、歌わされたものである。その歌詞と曲がこの暦に、記載されているのである。第二次世界大戦後は、これらのことはすべて公式の場では、廃止された。

だが、ここ鹿児島には未だに、そのまま保存されていたのである。

高千穂峰への天孫降臨以来の歴史（伝説）を大切に保持している国（敢えて国という）であると思った。

いまだに鹿児島暦を毎年造り、昔ながらの伝統を絶やさない地方であることがわかった。

私自身は、古くは薩摩藩に属していた宮崎県の生まれであるが、早くに宮崎県を離れていたので、このような暦があることは今回初めて知った。

前に、古代日本語のことについて述べたように、天孫降臨と、大和朝廷の結びつきについては、いささか疑問を持っている。ただし、天孫降臨に象徴される民族は、旧日本古来の民族の一つであろうと思っている。

こういう民族は、南端の九州だけでなく、私がこれまで歩いてきた東北の地にもいて、必ずしも、同一民族ではない。

熊襲とか、蝦夷という氏族、あるいは大国主命に代表される出雲族など、各地に古代日本族が住んでいたことは間違いない。

これらの人々の先祖が持っていた文明は、はるか昔に途絶えてはいるが、民族としては生き延びてきた。その文明は地球規模の大変動で、その機能を失ってしまい、遺跡となってしまった。僅かに生き延びた人々は、年代を経るにつれ、その遺跡が何であるかもわからなくなってしまった。ただ、その遺跡に残っている自然の気を知るにとどまったとしても不思議ではない。私はそれを呼び覚ましたいと思っている。

ここへ来て、鹿児島暦を知り、戦後のアメリカナイズされた日本とは違う風俗が、今でも残っていることを知ったのである。

この日の宿は、湯ノ本温泉になった。ここは炭酸泉で有名であるが、二十度Cの冷泉であった。別の湯舟には、茶褐色の鉄を含んだ暖かい温泉があるので、交互に入れば、湯から出た後、身体がぽかぽかと暖かい。

この宿から眺めた高千穂峰は、片流れの形をしており、別の趣を感じさせる山にみえる。

高屋山稜

山稜に登り、鳥居の前で陵に向かって視ると淡い紫色の立ち上がる光が視える。鬱蒼とした木立に囲まれているので、光はそんなに明るくはなかった。この方向は355～360度方向である。つまり、社殿は南を向いている。

この陵の向かい側に建てられている石碑には、次のように記されていた。

天津日高彦火火出見尊（妃豊玉姫命）

古事記によれば、尊の御陵は日向の高千穂山の西に在ると記され、日本書紀には、高屋の山に葬るとある。尊は伝承に名高い山幸彦でもあり、記紀に記されているように、皇室のご先祖として、初めて日向の国（現在の宮崎・大隅・薩摩地方）を統治された神代三代の第二子で、人皇第一代神武天皇の祖父に当たられる。なお、皇霊（みたま）は、姶良郡隼人町にある鹿児島神宮に祀られている。

また、尊の御父君は瓊瓊杵尊と申され、川内市の可愛山稜に葬られ、皇霊は、霧島神宮に祀られている。尊の御子　鸕鷀草葺不合尊（うがやふきあえずのみこと）は、肝属郡吾平町に所在する吾平山稜に葬られ、皇霊は、宮崎県の鵜戸神宮に祀られている。ここ高屋山稜の内面積は、5万3千平方メートルほどで、御陵の形は円墳で、御拝所の正面上60メートルのところに、お墓が築かれている（溝辺町）。

このあと、山稜を降り、表参道の方へ回った。ここに正面から登る石段がある。ここから見上げると、陵の頂上までは、かなりの段数である。N31度49分14秒、E１３０度41分44秒の場所である。ここで階段の方へ向かえば、３３２度になる。２９０〜３１０度方向、および、階段の方向にわたって、明るいオレンジ色と、紫色の混じった立ち上がる潜象光が視えた。次に、濃い赤オレンジ色に変わった。美しい色である。山稜上で視たものよりも、ずっと明るい色であった。山全体の潜象光が視えるからである。

この高屋山稜を最初に訪れたのは、二十数年前であった。鹿児島空港から鹿児島市内へ行くリムジンバスから、ちらりと山稜の案内板がみえたときである。何となく訪れてみたくなり、鹿児島を去る前に訪れてみた。その時は、頂上のところで、高千穂峰が見えた記憶があったが、今回は見えなかった。

ここは神社ではなく、御陵なので、神社庁ではなくて、宮内庁の管轄になっている。したがって、一般人はこの中に立ち入ることはできない。

なぜこの山稜に惹かれたのか、まったくわからなかった。以前何かの本で、名古屋地方に高屋山神社という神社があるという話を読んだのを、覚えていたからかもしれない。

城下町・飫肥

霧島から鵜戸神宮へ行く途中に、兄正昭未亡人逸子の故郷飫肥（おび）がある。ここは五万一千八十石の城下町である。多くの武家屋敷が残っているだけでなく、飫肥城址の大手門や堀（現在は空堀）のすぐそばにあるので、昔の城と、武家屋敷の配置が見られるのがよい。

このように城はなくなっているが、城郭が残っており、そのそばに武家屋敷が建ち並んでいるので、昔の武士たちの生活が伺い知れるのである。飫肥揚げを売る店があったり、駐車場も完備している。そこには、七～八台の観光バスが駐車していた。

武家屋敷跡は、全国各地に保存されている。中にはその道を抜けるだけでも、五百円の観覧券を買わねば通してくれないところもあるが、ここはそんなことはない。特定の屋敷の中にはいるには、ここでも観覧券がいるが、通りを通るだけなら無料である。

鵜戸神宮

海に面した断崖の洞窟に造られた華麗な神殿というのが、鵜戸神宮の印象である。主祭神は鵜鷀草葺不合尊（うがやふきあえずのみこと）であり、他に天照大神、天忍穂耳尊、瓊瓊杵尊、彦火火出見尊、磐余彦尊が、祀られている。

本殿は岩窟の中にある。だからこの場所は暗い。したがって、本殿のすぐ前で視える潜象光は、明るくない。しかし一面に青黒い光が漂っている。その中に淡い立ち上がる黄色の光が視えた。

それと、黄色い光の粒子が、全体としては、円形になってちかちか光っていた。

一度、静岡県の三島大社で視た潜象光は、目の前一杯に金粉をばらまいたような光が視えたことがある。ここでは光の明るさは薄かったが円形になっていたのである。

この社の圧巻は、本殿のある岩窟の前方が断崖になっていて、すぐ目の前の海中に巨石群があることである。

海中に屹立している巨石群は、見事な景観である。

鵜戸神宮（上）と巨石群（下）

ここには面白い運試しがある。この巨石群の一つに、表面に窪みのある岩があり、ここに社務所で買い求めた小さな土の礫を投げ入れるという遊びである。うまくはいったら、願い事が叶うというのである。ただし条件があって、男性はこの礫を左手で投げなければならない。女性は右手でよいとされている。大部分の男性は右利きなので、こういう決まりをしたのであろう。左利きの人は右で投げるかどうかまでは書いてなかった。

何人かの人が投げて、うまく入った人もいた。私も試しに投げてみたが、左手ではうまく投げられなかった。

この巨石群の方に向かい、眼を閉じた。すると赤オレンジ色の立ち上がる潜象光が視えた。若干淡い紫色も漂っていた。ここの光は、神殿前と違って、明るい光であった。海中であっても、巨石が立ち並んでいると、強い潜象光が視えるのである。

また、神殿の建物から少し離れて、断崖ぎりぎりのところまで下がり、神殿の方を視たら、岩窟の中とは違って、紫色が一杯に広がって見えた。そう強くはないが、赤オレンジ色の立ち上がる光もあった。

岩窟のところから階段を戻り、その手前にある社務所への途中に、吾平山上陵（あひらのやまのうえのみささぎ）があった。ここにある鳥居のところで、陵の方を向いて立ち、眼を閉じると、背後の山の方に明るい赤オレンジ色の光が視えた。漂う光は紫色であった。

高良大社・神護石

この社は筑後一宮で、福岡県久留米市御井町にある。

由緒書に依れば、祭神は高良玉垂命（こうらたまたれのみこと）、八幡大神、住吉大神の三座である。

鎮座は、仁徳天皇五十五年（三六七）または、七十八年（三九〇）といわれ、履中天皇元年（四〇〇）に社殿が建立されたとある。

しかし、山内からの出土遺物はさらに古い時代を示している。

この社は、延喜式内名神大社で、古くは、「高良玉垂宮」と称せられた。この社のある高良山は、別名高牟礼山、不濡山（ぬれせぬやま）とも呼ばれている。標高３１２メートルとそれほど高い山ではないが、筑紫平野を一望できる場所である。

私がこの社を訪れようと思ったのは、『日本ミステリーゾーン・ガイド』（学研）に、高良山には、神護石（こうごいし）があると知ったからである。

由緒書きには、「神護石（神籠石）国指定史跡で、本殿の背後から山裾まで、約１５００メートルにわたって、一三〇〇個の巨石が、神域を取り囲むように連なっている。このような列石は、福岡、佐賀、山口県で、八カ所確認されており、古代の山城跡とも、神域の表示とも言われている」とある。

私がここを訪れた日は、お天気もよく、一一月中旬であり、日曜日であったので、七五三の子供を連れたお宮参りの人たちが沢山いた。

この社は頂上近くに本殿があるが、その脇まで自動車で登れる。

拝殿手前の手水場のところに、「八葉石碑残欠」と書かれた石が置かれてあった。手を洗ってから、この石を視たら、紫色の明るい光が視えた。この石の組成は不明だが、この石にも光が集まっていたのである。

この「八葉石残欠」の説明文には、これは神護石の一部であったとある。元々は、桟道入口二の鳥居近くにあったが、明治初年神仏分離の際、手水舎（大水盤）に転用されたものであるという。だからこの石から潜象光が視えてもおかしくないのである。なお、なぜ八葉石というかは記述されていなかった。

拝殿に向かうと、１３０度の方向になる。建物の手前約10メートルのところで眼を閉じた。紫色にオレンジ色が少し混じった光が視えた。立ち上がる潜象光も同じ色であった。拝殿に背中を向けて周辺から来る潜象光の様子を視た。10～50度の間にオレンジ色の明るい立ち上がる光が三条ほど視えた。70度方向にもあり、ここが一番明るかった。

続いて、３２０度方向も同じであった。また、３００度方向は、それよりもやや明るい光であった。

２７０度の前後20度の間には紫色主体で、これにオレンジ色が交じる光であった。

このとき、太陽の位置は、１６５度ぐらいであった。

10～50度方向の高い山としては、福岡県三郡山、宝満山、頭巾山が北の方に固まっている。それより東の方には、古処山、馬見山などがある。これらより少し先の方には福智山がある。70度方向は、英彦山の方向である。さすがに強い光を出している。そしてもう一つの修験の山、求菩提山はその延長線上にある。この二つの山の光は重なって視えている。

３２０度方向は、佐賀、福岡県境にある背振山地である。また、２９０度方向は金立山方向で、その先には天山がある。

３５０度方向には、地図上特筆すべき山は見当たらず、先の方は玄界灘へ抜けている。

このあと、社殿背後にある神護石へ向かった。神護石の列石からも、淡い紫色の光が視えた。神護石のところから回り込んですこし上の方へ登ると、この山の頂上になる。

ここに一本の椎の木があり、本殿のちょうど裏側にあたる。ここから約３５０度方向を視ると、赤オレンジ色に、紫色の混じった立ち上がる光が視えた。またその中に、輪郭はぼやけていたが、黄色の円形の光があった。この場所は木立の中であったが、明るい光であった。

この場所以外にも、神護石が残っている。この山の中腹に、大学稲荷神社がある。

ここで、道路を隔てた反対側の山肌のところにも、神護石がある。この列石は百個以上連なっていた。神護石は山を左回りに巻いていた。

この他にも神護石はあり、高良大社のパンフレットのイラストを見ると、断続的ではあるが、あちこちに神護石がある。現在は欠落しているが、昔は山裾から山頂まで、連続して神護石が置かれていたように見えた。

このあと、少し離れている筑後川のほとりへ出た。ここで周りの潜象光の様子を視るためである。この位置から高良山は１３２度の方向に当たる。この方向の他、１２２度方向にも、黄色の立ち上がる光が視えた。

95度、25度方向には、黄オレンジ色の立ち上がる光があり、これに少し紫色が混じっていた。３１５～０度にかけても、明るい黄オレンジ色の立ち上がる光が視えた。この方向の光が一番明るかった。２９０度方向にも、黄オレンジ色が視えた。このとき、太陽に位置は２０７度であった。

この神護石であるが、神社の説明書でも、諸説があり、一体誰がこのように列石を配したのかわかっていない。古代の山城跡とも、神域の表示とも言われているが、今ひとつ説得力に欠けるような気がする。

高良山の案内図を見ると、山の中腹から山頂に欠けて、山を巻くように、造られていたのではないかと思われる。螺旋状に山肌に沿って、下の方から頂上まで、まるで山に石の縄をかけるように、巻き上げているように思える。

ところで、この神護石の配置はそう単純ではない。道路を隔てて、山の中腹にある大学稲荷神社の反対側にある神護石は、山肌を右から左に巻くように配置されている。山裾に近い第二鳥居の近くの神護石も、同じように山を登っている。ところが、頂上付近

神護石

の神護石は、右巻になって頂上に向かっている。

これは一体何を意味しているのであろうか？　頂上付近の列石がもう少し多く残っていると、推測も容易であるが、今のところ、非常にラフな推測になる。

考えられるのは、二重列石であったのではないかという発想である。つまり、右回りの列石と、左回りの列石が配されていたのではないかということである。

しかしこの山に二重螺旋の配石があったと、断言できるほどの痕跡はない。

これに似た木造建築がある。会津若松の飯盛山のところにある「栄螺堂」がそれである。下の入口から右回りのスロープを登っていると、一番上に行き着く。そこから続いているスロープを今度は降りてゆくことになる。このとき方向変換はしないで、そのまま進むことになる。

そして一番下に着くと、入口とは別の出口があって、そこから自然に、建物の外にでることになる。

つまり二重螺旋構造になっていて、登って降りるとき、方向を変えずに歩いて、そのまま出口に至る。誰が造ったのか知らないが、奇妙な建物である。

高良山の頂上付近の列石は、頂上のところで、これを頂上の方へ向かっていると見れば、右回りであるが、栄螺堂のように、頂上から下の方へ降りてゆく列石と考えれば、左回りで降りていることになる。現在発見されている神護石のほかの場所でも、何カ所か列石が発見されれば、推測もより正確になる。

このことについて、史跡高良山神護石の説明文によれば、現在確認されている延長約1600メートルに、その推定線を含めると、全長約4000メートルになり、これが高良山の西斜面を南から大きく取り囲んでいる。

これより北方の列石線は確認されていない。最近の地震考古学によると、神護石の見出せない北側尾根の直下に並行して、水縄断層系追分断層が走っていることが、発見された。

そしてその上部北側面には、地震動による大規模な斜面崩壊の痕跡が認められた。

この地震は、日本書紀にみえる天武天皇七年（六七八）筑紫国地震である可能性が高い。このとき、北側斜面が崩壊したとすれば、列石が北側斜面に認められない理由が説明できる、とある。

これらを総合すると、神護石は、全山を巻いていたという推論が可能であることを示している。

なぜ、このように石を配置したのであろうか？

何のために？

その理由は一つしかない。

それはこの山に、自然エネルギーを集中させるためであろう。そして、山頂付近に高エネルギー場を創り出すためである。

電磁気学では、コイルに電流を通して磁場を創る。この原理を応用して電気モーターは回る。

しかし、この山に巻かれている列石には、電流は流れない。電流は流れないが、自然エネルギーを集約することはできる。

この自然エネルギーとは、私がその解明にチャレンジしている潜象エネルギーの一種であると考えている。

この自然エネルギーを利用したエネルギーセンターは、筑後平野一帯を強力な潜象エネルギーで包んでいたものと思われる。

この付近に、これ以外の石造遺跡はないので、現時点では、これ以上のことに論及するのは差し控えるが、現代人の思いもよらない物理的現象が、隠されているように思える。

ストーンサークルと併せて、この解明に取り組みたいと思っている。

本来、ピラミッドと呼ばれるものは、自然の山を利用したものであるはずである。

エジプトやメキシコのピラミッドは、山のない地形や、特定の場所に、潜象エネルギーを集める目的で、造られたものである。

日本や英国にストーンサークルはあっても、人造のピラミッドがないのは、こういう理由によるものと思われる。

この高良山はその機能をさらに強化するために、石で山全体を巻くという方法を採った。神護石とはその名残と考えてよい。

もしかしたら、これまで私が考えていた潜象エネルギーとは違った別種の潜象エネルギーを、創り出していたのかも知れない。

現在は、この列石はいたるところで寸断されており、遺跡として残された列石は、連続していない。したがって、この配石が配置されたときのように、潜象エネルギーを強力に集約する働きは無くなっている。

それでも、ここの列石には、ほのかに潜象光が視えるし、頂上付近の神殿のところでは、強い潜象光が視えるのである。

もし、現在列石が連続して、山を巻いていたら、物凄く強烈な潜象エネルギーが、山頂付近に蓄積されるはずである。一大エネルギーセンターになるであろう。

それを実際に行っていたのは、超古代日本に住んでいた人たちである。この人たちがいなくなってから、永い年月の後、このあたりに住み着いた人たちには、文明の継承が無くて、その利用法もわからなくなってしまったのである。そして、列石も寸断されてしまい、その力も大部分失われた。

利用法はわからなくなったが、この山に集まる自然エネルギーは、感じ取ることができた。だから、この山に神社を造り、神を祀ったのであろう。

筑後一宮として、千数百年もの間、崇められたのも、うなずけるのである。

自然の山を利用して、自然エネルギーを集めるのに、神護石という巨石のコイルを創ったのである。

このような文明の断絶は、世界各地にある。

ピラミッド然り、ストーンヘンジ然り、ナスカ然りである。

世界各地に散在するピラミッドも、その本当の建設目的は、明らかではない。そのほとんどは、祭祀目的といわれている。

それは遺跡を発掘する人たちの大部分が、遺跡に対する認識が、どうしても祭祀に拘りすぎるからである。確かにその中に埋葬されている王たちの柩があることも確かである。

しかし、そのような痕跡がないピラミッドも存在している。残念ながら、そのような遺跡については、口を閉ざしている。

エジプトのギゼのピラミッドにしても、メキシコのピラミッドにしても、そこのピラミッドを造った目的は一向に解明されていない。巨石文明の本当の目的は何であったか？　を追求してゆく作業を、現代の科学は、怠っているように思える。残念なことである。

また、ストーンサークル（環状列石）についても、似たような説明が多い。説明の中には、夏至や冬至、または春分の日の太陽の昇る方角が関連していることもある。しかし、何のためにそうなっているかの説明はない。

単に冬至や夏至、あるいは春分に光が射し込むとか、真東を示すだけのために、巨大な石の建造物を造るとは思えない。もっと重要な目的があったはずである。単に、方角だけを知るのであれば、もっと簡単なもので済むはずである。

今でも英国には、魔女といわれる人たちがいる。彼らはこの中で、よくお祈りをしている。NHKでその様子を放映したこともある。この人たちも、なぜストーンサークルが作られたかは、わからないが、その中にいると、何かの自然エネルギーを感じるという。だからストーンサークルの中で祈るのである。

英国で、私が実際にストーンサークルを形成している巨石の前に立ち、眼を閉じると、巨石から潜象光が視えた。単体の神護石とは比較にならないほど、明るい光であった。英国では、ストーンヘンジが有名であるが、それ以外のストーンサークルの巨石でも、潜象光を集めているのである。

因みに、英国には三百を超えるストーンサークルの遺跡が残っている。

英彦山

英彦山(ひこさん)は九州でもっとも有名な修験道の山の一つである。

九州北部を東西に横断している大分自動車道の玖珠インターで下車した。ここから山国村を経て北上し、回り込むように行くと、英彦山に行き着く。

この年、東北地方も、中部地方も、紅葉の発色が今ひとつであった。本当に綺麗な紅葉は、十年に一度といわれているように、その年の気候によって、紅葉の善し悪しは左右される。

この年は、秋になっても気温の高い日が多く、特に昼間と夜間の寒暖の差が少なかったので、木々の葉は例年に比べて十日以上も色づきが遅れていた。こういう年は概して、美しい紅葉には恵まれない。

九州入りしたときには、紅葉は諦めていた。時期的にも、紅葉には幾分早かった。だが、玖珠インターを降り、山国村を経て、英彦山へ行く途中、猿飛岩という案内板を見つけた。

そして、猿飛岩入口の案内板のそばに、一軒の酒屋があった。そこに、「げんこつおにぎり」の看板が出ていた。

猿飛岩入口から、百メートルほど入ったところに駐車場があった。車からでると、すぐに渓谷が目に入った。

紅葉の最盛期には二、三日ほど早かったが、発色の具合はよかった。この年綺麗な紅葉に恵まれなかったので、ここの紅葉が綺麗に見えた。

川沿いに少し歩くと、渓谷に赤い吊り橋が掛かっていた。橋の中央部まで進み、渓谷を眺めると、奇石・巨石があって、写真になる風景であった。

川岸に戻り、少し上流の方へ歩くと、河床に甌穴が見られる。小さな甌穴ではなく、比較的大振りであり、深くえぐられていた。そこの清流が流れ込んでおり、爽快感を与える。この岩と岩との間を野猿が飛び歩くから、この名が付いたのかもしれぬ。

この川岸に、猿の彫り物がおいてあり、その猿は手に巻物を持っていた。誰かが、猿飛岩と、忍者猿飛佐助とをもじって、忍術の巻物を持たせたのであろう。ちょっと、ユーモラスであった。

昼時になったので、酒屋のところまで戻り、げんこつ握りを買った。げんこつという名が付いているように、大人の男のげんこつほどの大きさであった。

駐車場のそばにある東屋で、このおにぎりを食した。具の沢山はいった炊き込みご飯の味もよかった。二つ入って400円であったが、一つでおなかが一杯になった。

景色といい、おにぎりといい、何か思わぬ拾いものをした気分であった。

この方向から英彦山に登ってゆくと、一ノ鷹巣、二ノ鷹巣、三ノ鷹巣と呼ばれる岩山・巨岩が屹立している。この三つの峰が立ち並んだ景観は、見事である。

一ノ鷹巣に向かって立ち、眼を閉じると、濃いオレンジ色の立ち上がる光が視えた。視界の下の方には、紫色が混じっていた。

このときは曇りで、太陽は射していなかったが、潜象光の色は濃かった。

N37度28分51秒、E130度56分20秒、高さ850メートルの地点である。

さらに車を進めると、駐車場があり、楓が植えてある場所に行き着く。

ここの紅葉も、少し時期が早かったが、程々に色づいており、眺めが楽しかった。

ここを出発して、さらに車を進めると、英彦山神社へ登る手前に、駐車場がある。ここから神社へ登るのであるが、思わぬ助け船があった。

ここにスロープカーと呼ばれる一種のケーブルカーがあった。一年ほど前に設置されたそうであるが、空中につり下げるものではなく、山の斜面に沿って、索引する形式のものである。だから、高所恐怖症の人も、安心して乗れる。

これができるまでは、ここから相当高いところにある奉幣殿のところまで、徒歩で登らなければならなかった。私たちはこのスロープカーで、難なく奉幣殿のところに着いた。

由緒書きによれば、英彦山は古来から神の山として、信仰されていた霊山である。

祭神は、天照大神の御子天忍穂耳命であることから「日の子の山」即ち「日子山」と呼ばれていた。

嵯峨天皇の弘仁十年（八一九）に、詔により「日子」の二字を「彦」に改められ、次いで、霊元法王享保十四年（一七二九）に院宣により「英」の一字を賜り、「英彦山」と改称されたとある。

この山は、中世以降、神の信仰に、仏教が習合され、修験道の道場「英彦山権現」として栄えた。明治維新の神仏分離令により、英彦山神社となり、昭和五十年神宮に改称され、英彦山神宮になった。

拝殿手前のところから右上方にある本殿の方向には、濃いオレンジ色の漂う光があり、下の方は綺麗な紫色が視えた。立ち上がる光もオレンジ色であった。

また、奉幣殿に向かって、左70～80度方向には、綺麗な紫色が漂っていた。

正面に向かうと、赤オレンジの濃い色が視えた。これには紫色も加わっており、立ち上がる光も同じ色であった。

さすがに、九州随一の修験道の山である。

このあと、英彦山を下り、求菩提山の見える場所へ向かった。寒田地区山霊神社の前である。このときも曇っていて、時刻も四時近くであった。

しかし、赤オレンジの濃い色が一面に漂い、下の方には、紫色が混じっていた。立ち上がる光も、濃い赤オレンジ色であった。山の方向は、１３５～１４０度である。ここも修験道で有名な山だけあって、潜象光は強い。

通潤橋と清和文楽邑

熊本県の山都町にある道の駅で、車を止め、一休みした。ここにもヤマトがあった。最近は道の駅が増えたので、こういうことでは便利になった。

たまたま、この道の駅で食事をしようと立ち寄ったのであったが、そこに通潤橋があった。

この通潤橋であるが、山都町商工観光課の資料に依れば、建設されたのは、江戸時代の嘉永七年（一八五四）である。このあたりは水の便が悪く、水不足に苦しんでいた白糸台地の農民を救うため、惣庄屋布田保之助が建設した石橋である。

日本最大の石造りアーチ式水道橋で、国の重要文化財に指定されている。

長さ75・6メートル、高さ20・2メートル、アーチの半径は、27・6メートルである。橋の上部に、逆サイフォンの原理を応用した三本の石の通水管があり、今でも実用に供されている。

通水管に溜まった堆積物を取り除くために、放水されていた。今では、土日正午に一回観光放水を行っている。これに限らず、五千円払うと、いつでも放水してくれるそうである。これがここの呼び物になっている。高いところに掛かっている石橋から相当量の水が、瀧のように落ちるのである。

私たちが見たのは、ちょうど、観光バスが二台到着した直後だった。バスの人が放水を見るために、お金を払ったのであろう。

なお、農作業で、水が必要な田植えや、灌漑などの時には、放水はしないとのことである。

この道の駅では、食堂は十一時過ぎにならないと、開かないので、次の道の駅で食事することにしてここを出発した。

通潤橋は、古道「日向往還」の途中にある。「日向往還」というのは、熊本市札の辻から、日向（宮崎県延岡付近）とを結ぶ基幹道路として、建設された。

その基盤を築いたのは、阿蘇神社大宮司家阿蘇氏であった。

放浪の俳人種田山頭火の有名な句「分け入っても分け入っても青い山」は、初夏の頃、この往還の途中で詠まれたそうである。

国道２１８号線を東へ向かって走って行くと、清和文楽邑の標識のある道の駅に着いた。邑とは町あるいは村のことである。ここに文楽を上演する芝居小屋があった。

昼時に近かったので、ここで、朝食兼昼食をとることにした。ここでの食事は昔ながらの素材を使った郷土料理で、美味しかった。食事を済まして、外に出ると、何台もの観光バスから大勢の人が降りてきた。ツアコンの人が、文楽の講演まで、三十分ぐらいあるので、それまでに、ここへ集合するようにとアナウンスしていた。

文楽座は、道の駅の建物とは別になっている。ここも文楽座のあるところに道の駅を作ったようである。

文楽座の入口のところには、この日の出し物（演目）の看板がでていた。「傾城阿波の鳴戸」であった。巡礼お鶴が母を尋ねる物語で、文楽では有名な演目である。

ここにどうして、文楽座があり、清和文楽の名が付いているかの説明もあった。

清和文楽人形芝居は、約百五十年前、嘉永年間に誕生した。当時、全国を旅していた淡路の人形座がこの村に入ったとき、奉納芝居で文楽に親しんでいた村人が、一座から人形を譲り受けて、春秋の祭りに奉納したのが、始まりとされている。

その後、一時衰退したが、昭和二年に復興、昭和二十九年には、清和文楽保存会が結成された。その後熊本県重要無形文化財の指定を受けた。平成四年には、文楽館も完成し、今では、年間二百五十回もの公演を行っているそうである。ここも事前に申し込めば随時公演してくれるようである。

豊後竹田　岡城址・竹楽

清和文楽邑から国道266号線、県道8号線（宮崎県）を北上。豊後竹田に向かった。

山越えの道である。その途中、山越えが終わって里にでた頃、祖母嶽神社があった。高千穂町と五カ所町の境ぐらいのところである。ここは、祖母山の里宮であろう。

敷地は比較的広く取ってあり、社殿は新しくなっていた。この時点でも天候は回復しておらず、曇りで時々小雨が降っていた。

だから視界は不良で、山はまったく見えなかった。

社殿に向かって立つと、282度の方向になる。眼を閉じると、オレンジ色と、紫色の横模様が視えた。明るい光であった。立ち上がる光も、同じ色であったが、雨の日にも拘わらず、明るい光であった。ただし、そう強いものではなかった。

この場所で、325度の方向にも、立ち上がる光が視えた。この方向は、視界の下の方が、濃い黄オレンジ色であった。

なお、18度方向、80度方向にも、これと似た光が視えた。これらの中では、社殿に向かったときが、一番明るかった。

鳥居のところまで戻り、社殿と反対側を向いたら、明るい紫色と、オレンジ色の漂う光が視えた。社殿の方よりもずっと明るかった。この場所は、N32度48分21秒、E131度16分52秒、H810メートルの地点である。

このあと、里の方へどんどん下りてゆくと、竹田市街の手前のところに、大きな石作りの眼鏡橋が掛かっていた。明治時代に作られた水道橋である。

通潤橋とは違って、渓流に掛かっていた。煉瓦造りで、三重の眼鏡になっていた。渓流とよく似合った景観になっていた。

竹田の市街に入る手前のところに、いくつかの湧水群があり、誰でも飲めるようになっている。試みに飲んでみると、柔らかい水で、美味しかった。数人の人が、ペットボトルを持ってきて、水をくんでいた。

このあと、岡城址へ向かった。ここは、明治時代の作曲家滝廉太郎の荒城の月で有名な城址である。

作詞は土井晩翠で、仙台の青葉城址が発想の基になっている。二つの古城のイメージが一つの曲にまとまり、日本の代表的な歌になった。

岡城址の駐車場に車を止めると、見上げるほど高く積まれた石の城壁が見えた。ここは山城であるが、それにしても、随分高いところまで、城壁の石が積まれていた。

ここから旧城内にはいるには、入場券を買わねばならない。お金を払うと、巻物になったものをくれた。開いてみると、岡城址の案内図であった。面白い発想である。

右手の方から回り込んで、歩いてゆくと、城門跡、さらに本丸、西の丸跡がある。これらの建物は残っていない。

西の丸跡と書かれた石柱のところで、潜象光を視ることにした。傘をさすほどではなかったが、小雨であり、視界は利かなかった。

２８０度から３００度、３１５度、5度にかけて紫色と、オレンジ色の漂う光が視えた。また立ち上がる光は３００度方向が一番強かった。ついで、8度、２８０度方向であった。

この他、20度、85度、１８7度、２１3度方向にも、弱いがオレンジ色と黄色の立ち上がる光が視えた。漂う光には淡い紫色もあった。

この頃になると雨が本降りになり、傘が必要になったが潜象光は同じようによく視えていた。

また192〜243度にかけては、明るい紫色が主体の漂う光があった。この色は濃く、下の方はオレンジ色であった。

岡城址を下り、竹田市内に入り、宿を取った。

この日は、ちょうど、竹田市の祭りの日であった。夕方になると、切り取った竹筒の中に蝋を入れて灯をともすのである。

この竹灯籠の祭りは、竹楽と呼ばれている。静かで古風な祭りである。

これを広瀬神社の石段百数十段に、下から上まで、千八百個も並べてある。灯りの階段が出来上がるのである。人が登り降りできないほど、石段一杯に並べてある。

この他、旧武家屋敷の門前、通り、その他、市内のあちこちに、この竹の燈籠が置かれてあった。竹筒の中の仄かな灯りが周りを照らしている幻想的な風景である。旧武家屋敷の前には、それぞれ十個以上置かれていて、一つの通りが、竹灯籠で埋められている。

この通りは順路があって、順路に従って歩くほうが、灯りの具合が綺麗に見える。理由は、竹筒を斜めにカットしてあるので、順路の方向から見ると、灯りがよく見えるのである。

この祭りにあわせて、町中には、屋台村ができ、そこはお祭り気分で、にぎやかであった。この祭りは、例年三日間行われるが、前日は雨がひどくて中止になったとのことであった。今年はこの日が終わりの日であった。ちょうどよい日に巡りあった。

久住山

大分県久住山は、近くに九重山と書くところがあり、少しややこしい。ただし、九重はコノエと読み、こちらの呼び名では、飯田高原あたりの地名となっている。久住連山より、少し離れたところにある。

久住山は、九州で一番高い山である。中岳がそうで、１７９１メートルである（ただし付近の島を除く）。中部地方や、東北地方の山に比べると、大分低いが、九州山地の屋根になっている連山である。

朝、竹田を立ち、久住高原へ向かった。高原に里の駅があり、周りが開けていたので、ここでまず潜象光を視ることにした。里の駅は、道の駅とほぼ同じである。

この日は、曇り、時々晴れという天気であった。残念ながら、久住山は八合目ぐらいから上の方は、雲の中で、頂上は見せてもらえなかった。場所は、Ｎ33度02分18秒、Ｅ１３１度

15分21秒、H＝750メートルのところで、国道442号線小国・竹田の間にある。50度から198度にかけて、濃く強いオレンジ色主体の光が視えた。もちろん立ち上がる光もあった。210度、228度、250度方向に視える光も同じ色であった。

また、270度、300度方向には、これらに加えて、紫色が混じっていた。明るく綺麗な紫色であった。

323度方向も同じ色であった。333方向は、明るい黄色とオレンジ色に、紫色も混じっていた。立ち上がる光も同じ色であった。

347度、3度、55度、70度方向も、ほぼ同じ色であった。

160度の方向には、祖母山（1756メートル）がある。その周辺は広く山地になっている。

210〜228度方向は、阿蘇山があり、高岳（1592メートル）、中岳（1506メートル）、根子岳（1433メートル）などがある。

323〜333度方向は英彦山の方向である。ここでもこの山の放つ潜象光は強い。

343〜3度の方向は、久住連山（久住山1787メートル、中岳1791メートル）である。

50〜55度方向は、別府湾に向かっている。この別府湾であるが、かつて、地震の際海上に幕状の発光現象があったことが記録されている。このことは『霊山パワーと皆神山の謎』（今日の話題社）のなかで述べた。

70度方向には、四国の石鎚山がある。

２１０度の方向は、国見岳（１７３９メートル）を経て、人吉盆地に至るラインである。

１９８度方向は、小林盆地であり、この中に高千穂峰（１５７４）を含む霧島山地がある。

２７０度方向には多良岳がある。

このように、この高原の里の駅では、ほとんど３６０度にわたって明るく強い光が視えた。

このあと、国民宿舎久住高原荘に立ち寄った。このあたり、最近の市町村合併で、竹田市になっている。

日本の行政の考え方がどうして、無理矢理に市町村を合併させたのか、その理由はよくわからないが、旅をしてゆくと、昔の地名がどんどん無くなってしまい、歴史が寸断されているように思えて、少し淋しくなる。

この久住高原荘は久住連山の直下にあり、案内板には、久住山１７８７メートル、中岳１７９１メートル、大船山１７８７メートル、稲星山１７７４メートルなどの方向が示されていた。

この日は、雲が低く、どの山も頂上は見えなかった。しかしこの方向を向いて立つと、オレンジ色に紫色の混じった漂う潜象光が視えた。立ち上がるものはオレンジ色が主体であり、これに若干紫色が混じっていた。

ホテルの中の食堂で、コーヒーを飲んだが、このホテル内も穏やかなオレンジ色が漂っていた。

コーヒーを飲み終わってから再び、ロビーの方からガラス越しに久住山に向かい眼を閉じた。すると、濃い赤オレンジ色とピンク系紫色の立ち上がる潜象光に変わった。

建物の外に出て、久住連山と反対側の方には、阿蘇山群の案内板があった。

根子岳（１４０９メートル）、高岳（１５９２メートル）の方向が示されていた。この日はこちらの方も、雲に覆われていて山の形は見えなかった。しかし、眼を閉じてみると、非常に明るい赤オレンジ色の潜象光が立ち上がっているのが視えた。

ここからだと久住山よりも大分離れてはいるが、光の明るさは久住山とほぼ同じであった。

安心院・環状列石

九重から湯布院への道を辿った。途中、日本一の大吊り橋が最近出来上がったとかで、道が大分混雑していた。

ここの吊り橋ができるまでは、宮崎県綾町にある大吊り橋が日本一と言われていた。その吊り橋よりどれほど高いかは知らないが、今はここが人気を呼んでいるようである。

またどこかが、ここより高い橋を造ろうとするだろうから、いつまでも日本一とはいかないだろう。

村おこしかも知れぬが、何せ、人はこういうことが好きである。東京新宿副都心でも、林立する高層ビルがその高さを競い合った。

湯布院にはいると、多くの若い人たちがいた。今でもこのあたりは人気の地であるらしい。

ここで由布岳の様子を視た。立ち上がる潜象光も、あることはあったが、格別強いということはなかった。このあたりは、朝霧で有名である。朝霧に中に山が浮かび上がっている景色が旅情をそそるのである。

ここから北へ向かったところに、安心院がある。安心院と書いて、アジムと読む。初めての人にはまず読めない地名である。湯布院と宇佐神宮のほぼ中間にある町である。今は宇佐市となっている。

私がここを訪れたのは、京石と呼ばれる環状列石があると、知ったからである。

安心院の町役場（今は安心院支所）の地域振興課へ行き、簡単なパンフレットをもらい、それに従って京石へ行った。

京石の紹介記事は、学研の『日本のミステリーゾーンガイド』（昭和六十二年）にあるのだが、その写真では特筆すべき遺跡にはみえなかった。しかし、二本が組になって、五組ほどの立石であるとあったので、興味をひいた。

ところが実際に来てみると、予想したものよりもずっとしっかりした配石になっていた。秋田県大湯のストーンサークルの調査をしたことがあるので、私は環状列石には関心が深い。一見して、紹介記事にはない迫力を感じた。そう大きな山ではないが、山裾に、二組の環状列石があったのである。

紹介記事とは組み合わせが違っていた。

その規模は大湯のストーンサークルに比べれば、格段に小さいのであるが、個々の立石そのものは大きい。やはり来てよかったと思った。

夕方近かったので、立石の放つ潜象光は、そう強くなかったが、個々の環状列石は、何か違った雰囲気を持っていた。

中央にある立石を囲んで5個の立石があり、これがもう一組あった。

この遺跡そばの説明板には、この山腹にはいくつかの組石が存在していると書いてあった。

佐田京石

太古祭祀上か？
鳥居の原形か？
埋納経の標石か？
定説は未だありません

通路を登って左側の柵内は、マウンド中央の石柱から半円形を描くように、石柱が配された環状列石と推測されます。

また右側の柵内には、ドルメン（支石基）と思われる巨石があります。

石柱の表面には、ペトログリフ（岩刻文字）の存在が指摘されています。

背後にある山は、米神山（標高４７５メートル）と呼ばれ、山頂部にも環状列石（高さ50センチ）があります。

またここから宇佐方面へ行った地点、右側の水田中に米神山側に先端が向いた立石があり、その上に小さな扁平石を載せたものが立っています。

地元では、こしき石と呼ばれ、蓋石を取り除くと、暴風になると伝え、暴風石とも呼ばれています。

このように、山の名や、こしき石など、米に関わる名が多くありますので、弥生時代のものとも思われますが、定かではありません。

宇佐市教育委員会

環状列石が二組あることも、大湯の場合と似ており、興味をひいた。大湯とは違う潜象エネルギーに、関係があるかも知れないのである。

大湯の場合は、『十和田湖山幻想』の中で説明したが、石組みがかなり複雑になっている。一つの環状列石がさらにいくつもまとまってより大きな環状列石を形成していた。それがさらに大きな列石を形成するという大がかりなものである。

それに対して、ここの列石はシンプルな組み合わせになっている。その代わり、用いられている立石は、ほとんど人工的な成形がなされていなくて、大ぶりで、不揃いである。

このストーンサークルのある米神山は、その山腹に巨石が百余も林立しているという。また付近の田圃には、巨石が立っていたし、千の岩と言われる場所には、奇岩群がそびえ立っている。詳しい調査が必要であろう。

この田圃の中に屹立している巨石のことであるが、これは潜象エネルギーを集めるための石であろう。

京石（環状列石）

米神山は潜象エネルギーを集める山である。そのエネルギーを受けて、何らかの用途に用いたのであろう。田圃の中に置いてあることから考えると、周辺の田圃に潜象エネルギーを送って、植物の生育を助けていると思われる。

楢崎氏のカタカムナでは、農業への応用として、炭を利用する。同じように大地のエネルギーを集めるのである。

しかし、石英を用いて潜象エネルギーを集めるのとでは、似たような働きがあるように見えるが、本質的には異なっている。このことは、これまで述べたとおりである。

これと似た組石は、英国のストーンサークルに多く見られる。規模的には英国の方が、ずーっと大きいが、組石の形はよく似ている。

翌日もう一度詳しく調べるために訪れる予定でいたが、前日、久住山で寒いところに長く立っていたら、風邪を引き、ここの宿で発熱してしまった。残念であったが別の機会に調査を延期することにした。

東北地方に行ったときには、冬期、雪の中で潜象光を視ていると、ついつい、小一時間経ってしまうことがよくあった。そんな時でも、風邪を引くことはなかった。

ここでは風邪を引いてしまった。なぜだかわからなかったが、今回はこれで中止となった。安心院のストーンサークルや、宇佐八幡については、じっくり調査しなさいということだろうと思った。

天　草

九州を南北に縦断している九州自動車道の松橋インターで降り、宇土半島を走っている国道266号線に乗った。

宇土半島の西端が三角（みすみ）である。昔は天草へ渡るには、ここから船に乗らねば行けなかった。

今は天草五橋といわれる橋が架けられ、そのまま天草へ渡れる。

大矢野島、上島、下島へ、宇土半島からそのまま行ける。

大矢野島と上島との間には、小島がいくつか散在していて、眺望もよく、天草松島と呼ばれている。上島の西海岸は、岩礁と夕陽で有名であるが、今回はここをパスした。そして一路下島へ向かった。この日の宿を牛深に予定していたからである。

この宇土半島と天草の島々は、雲仙岳のある島原半島の外側をぐるりと取り巻いており、その間の海が島原湾である。

この島原半島は、江戸時代の初期、徳川幕府のキリシタン禁令に反抗したキリシタン信者が立て籠もった島原の乱で有名である。このときは、天草四郎という若者が、信者を率いて幕府軍を相手に戦った。敗れはしたが、殉教の地として有名である。

宗教は人々の生様を支え、あるいは変えてゆく力を持っている。敗れはしたものの、その後も、隠れキリシタンと呼ばれ、明治に至るまで、九州各地に信仰する人が連綿と続いていた。

また島原の山は活火山であり、幾度となく噴火を繰り返した。島原大変肥後迷惑という言葉ができたほどである。ごく最近も普賢岳が噴火して、溶岩流が流れ出し、その時の熱風で多くの犠牲者がでた。

この付近の庶民の生活は貧しかったようで、江戸時代、女衒が娘を拐かしに来るという歌詞の歌「島原の子守歌」が残っている。

もう一つ、島原在住の盲目の郷土史研究家宮崎氏が、邪馬台国はこの辺にあったという説を唱え、同氏の奥さんが筆記したという話もある。

また、宇佐八幡の付近に邪馬台国があったとする、高木彬光氏の著書もある。

この他、筑前山門（ヤマト）にも似たような話がある。近くは佐賀県鳥栖市の近くに大規模な縄文遺跡吉野ヶ里が発見されてからは、邪馬台国はこのあたりではなかったかという説も出てきた。

邪馬台国に関する記述は、中国の魏志倭人伝しかない。それによると、九州の末盧の国（現在の松浦半島）に上陸してからの記述として、当時の小国の記述があり、それらを経て、邪馬台国に至るとある。東西南北の記述が、現在の地形と合わないこともあり、その後の足取りはよくわからないこともあって、多くの人たちの想像を湧かせるようである。

とにかく、九州には、ここが邪馬台国であったという諸説が多い。上陸地点から、現在の奈良県（大和の国）までは遠すぎるからであろう。

晩秋の陽は沈むのが早く、牛深に着いたときは、夕暮れが迫っていた。観光協会から教えられたとある民宿に泊まることにした。

ここの女将は、気前がよくて、刺身、焼き魚のほか、小ぶりではあったが伊勢エビまで出してくれた。もう一つ、デザートに出されたこの地方独特の杉ようかんが、素朴な味でよかった。しんこのなかに餡が入った細長いもので、その表面に赤と黄色の食紅で線が引かれてあった。これが杉の葉にくるまれていた。べとべとくっつくのを防ぐためであるが、それが見た目にも、いかにも郷土の菓子という素朴な風情があった。

翌朝は、この杉ようかんと自家製の朝鮮飴をおみやげにもらった。

宿を出ると、半島の西側にある砂月海岸へ立ち寄った。ここは遠浅の海水浴場になっていた。向かいの海は砂月浦である。この海は、外洋の天草灘へ続いている。海水浴のシーズンではないので、私たち以外には誰もいなかった。ここの海岸には色とりどりの美しい貝殻が散在していた。

私が潜象光を視ている間に、同行してくれた人が、貝殻に目を留めて、拾おうとしたら、誰もいないのに、誰かに三個までにしておきなさいと、言われたそうである。言われたとおり三個だけ拾いましたよと、言っていた。その中にはそのままペンダントにできそうな美しい貝殻もあった。

東北の五色海岸でもそうだが、最近の人は、欲しいと思ったらいくらでも取るという方が多い。我欲が先行して、自然を壊すことを何とも思っていないのである。人間は自然と共に生きていることを忘れてはならない。

この海岸で何気なく眼を閉じたら、いろんな方向に潜象光が視えた。

２６５〜３５５度方向は、立ち上がる明るいオレンジ色があった。この中でも、３３０〜３５５度方向は特に明るい光であった。

35〜42度方向はオレンジ色に紫色が幾分混じった光であった。この方向は島原半島の東端をかすめ、英彦山、釈迦岳の少し西側に至るラインである。そして、筑肥山地を通り、さらに耶馬渓を通り、周防灘へ抜けている。

90度方向はオレンジ色でその中に輪郭のぼやけた円形の光があった。この方向は、人吉盆地を経て、九州山地の市房山（１７２１メートル）、石堂山（１５４７メートル）に至る。

10度方向は強い赤オレンジ色が立ち上がっており、漂う光は紫色であった。この方向は、佐賀・長崎県境にある多良岳へ向かい、さらに、天山（佐賀県）、背振山地に向かう。

１２０度方向も、立ち上がる強いオレンジ色があった。この方向には、高千穂峰を含む霧島山系へ向かっている。

海は１４０〜２１０度にかけて開いていた。この方向には、全体的に濃い赤オレンジ色と、紫色が漂っていた。その中で、２００度方向に立ち上がる光が視えた。

この日、九時半から十時の間で、空は曇っていたが、時々薄日が射していた。この場所は、

Ｎ32度10分19秒、Ｅ１３０度01分57秒の地である。

この海は神々しかった。海の方向に潜象光が視えたのは、以前T氏と豊橋市に行ったとき、太平洋の方向に視えたことがある。今回は、高知城で太平洋の方向と、宗像大社で玄界灘の方向に視えた。

金立神社

佐賀県にあるこの神社は、徐福伝説が残っている神社である。徐福は、古代中国から、不老不死の薬を求めて、日本に来た人である。一説には、薬にかこつけて、日本に移住したとも言われている。その辺は定かではないが、富士山麓など、日本の各地に徐福が住んでいたという伝説がある。ここもその一つなのであろう。

下宮のところで、拝殿正面に向かって立つ。磁石では6～7度の方向となる。つまり、金立山を背にして、社はほぼ真南を向いている。

拝殿のすぐ手前、鈴のあるところで視ると、淡いピンク系紫色が漂っていた。ここから少し後ろに下がって、拝殿から約30メートルほどのところで視ると、濃いオレンジ色の立ち上がる潜象光が視えた。

この位置で、体の向きを変えると、３１５～45度の間に、同じような光が連続して視えた。

この間に何本も立ち上がる潜象光があった。赤オレンジ色の強い光であった。

この社の中宮は、山腹のところにあるこじんまりとした社である。

ここではオレンジ色と淡い紫色が視えた。光はさほど強くなかった。

金比羅神社・ばくちの木

金立山中腹にあるこの神社は、もちろん四国の金比羅神社の分祀である。

ここからは有明海が一望でき、南の方には、島原半島の雲仙岳も見える。昔は、有明海を航行する船のために、目印になる灯台もあった。金比羅神社は、海の守り神であるし、山の中腹にあるので、海からは離れているが、立地条件からいっても、ここに灯台があるのはうなずける。

この社殿の手前の鳥居のところにある狛犬の彫り物は珍しい。五弁の花びらが彫られているのである。またそのそばに、可愛らしい馬の置物もあった。鳥居のそばにこのような彫り物がおいてあるのも珍しい。

訪れた日は、秋の例大祭の前日ということで、宮司さんほか、数人の人が祭りの準備をしておられた。

ここで面白い話を聞いた。この境内に「ばくちの木」というものが生えている。

この木はバラ科の常緑樹で、大正二年に、台湾から苗木が移植された由である。

この木は絶えず樹皮がはげ落ちるので、ばくちに負けて裸になるのに喩え、「博打木」とも呼ばれる。

この木の皮が自然に剥がれて、地に落ちたものを持っていると、賭け事に負けないというのである。地面を探してみたが、落ちているものはなかった。

そこへ宮司さんが近寄ってきて、こんな話をされた。

「時々観光バスで、ここに見える人がいますが、中には木の皮を削り取っていくのですよ。無茶な人もいるものです。木を削り取って持っていても何にもなりません。こんなことをすると、じぶんの身を削ることになり、身代を無くしてしまいます。自然に剥がれ落ちた樹皮は金運をもたらしますが、削り取った樹皮は、逆に身代を削り、お金が無くなってしまいますのにねー」さすがにどこから来た人たちとは仰らなかった。

ここで視た潜象光は、金立神社の下宮拝殿30メートルのところで視た潜象光とほぼ同じであった。

参拝して帰りがけに、「ちょっと待ってください」と、社務所から落ちた樹皮を持ってきていただいた。有り難く頂いて帰途についた。

神護山

金立山の近くに、神護石があるという山があるので、探してみた。残念ながら、見つけることはできなかった。山上近くなのかも知れない。

せめて潜象光でも確かめたいと思い、山に向かって眼を閉じた。全体的に、柔らかい淡い紫色の光が漂っていた。また二つある峰のそれぞれから立ち上がるオレンジ色の光が視えた。

高良山で述べたように、佐賀県にある神護石とは、ここのことであろう。

神護石はその一つ一つを視ても、淡い光しか視えないのは、高良山で確かめた。石が連続して山を巻いたとき、初めてその力がでるものである。

背振山系

背振山と神護山の中間ぐらい、日隈山が左９０度方向に見える場所があった。比較的広く周囲が見える道路脇で、このあたりの潜象光の様子を視た。

１３０~１９０度方向に、明るいオレンジ色が視えた。両端（１３０度、１９０度）方向の光が強かった。

この他、２４０度方向は、赤オレンジ色で、これに若干紫色が混じっていた。立ち上がる潜象光も強い光であった。

３５０度、３３０度、30度方向も、これとほぼ同じ状態であった。
この位置は、Ｎ33度20分41秒、Ｅ１３０度23分20秒のところである。

太宰府天満宮

菅原道真公を祀った有名な神社である。「東風ふかば匂いおこせよ梅の花あるじなしとて春な忘れそ」という歌は大抵の人が知っている。讒言によって太宰府に流された道真公は、現代は、学問の神様として、受験時期には全国の天満宮に、合格祈願に訪れる学生でにぎわっている。

ここはその総元の社である。

社殿を背にしてプラスマイナス30度方向（１６０～２２０度）に、オレンジ色を主体とした立ち上がる潜象光が視えた。１６０度方向は、耳納山地、筑紫山地方向であり、２２０度方向は、背振山地の東端から、多良岳方向になる。

ここの境内全体が、穏やかなオレンジ色の漂う潜象光に包まれている。

有名な神社であるので、外国人も含めて参詣者が多く、ゆっくりと潜象光をみれる状態ではなかった。

私たちが訪れたときは、ちょうど菊花展が開催されており、見事な鉢が百個以上展示されてあった。
ちょうど昼時になったので、門前にある茶屋で、蕎麦と名物の梅が枝餅を頂いた。

宗像大社

福岡県宗像市にある宗像大社を訪れた。

由緒書きによると、辺津宮、中津宮、沖津宮の三宮を総称して、宗像大社という。沖津宮には、田心姫神、中津宮には湍津姫神、辺津宮には市杵島姫神が、それぞれ祀られている。この三柱は天照大神の姫神である。

日本書紀には、宗像三女神が、中国大陸や、朝鮮半島にもっとも近く、外国との貿易や、分化の受け入れ窓口として、宗像の地に、降臨されたとある。

宗像大神はまたの名を、「道主貴（みちぬしむち）」呼ばれ、最高の道の神とされている。また玄界灘に浮かぶ沖の島（沖津宮）は、海の正倉院と呼ばれている。

私たちが訪れたのは、辺津宮である。

ここも参詣者が多く、拝殿のところはたいそう混んでいた。それで拝殿の裏の方へ回ってみた。昔は神社へ行くと、拝殿の回りを一回りすることがよくあった。潜象光を視るようになってからは、裏の方へ回ることはあまりない。拝殿の前があまりにも混んでいたので、裏手へ回ってみたのである。

拝殿の真後ろから、拝殿の方を向くと、330度方向になる。ここから視たら、270度方向にオレンジ色と、紫色の漂う光が視えた。やや弱いが立ち上がる光もあった。

255度方向も同じであった。

このあと、拝殿の囲いの外にでて、奥にある高宮へ向かった。高宮は樹林の中にあり磐座が置かれてある。平たく二、三段に積まれた方形のものである。

磐座に向かって立つと、85度方向となる。周辺に射し込む光が少ないためか、明るさはなく、どちらかというと、青に近い光であった。

磐座を背にした方向には、そう強くはないが、オレンジ色の立ち上がる光があった。

高宮から戻る途中、樹林の間が開けた広場があり、そこから海が見えていた。ここで海の方を視たら、非常に明るいオレンジ色の潜象光が視えた。海の方向には、宗像大社の奥宮のある沖の島がある。ここも海の神の社である。

ここから拝殿の方に戻る途中、第二宮（ていにぐう）、第三宮（ていさんぐう）がある。こちらの方へ歩いてゆくと、向こうから一人の老婦人が登ってこられ、すれ違うとき、ご挨拶を受けた。

第二宮と第三宮とは、社が並んで立っている。社に向かって立つと、160度方向になる。

このとき太陽は230~240度方向にあった。

ここで視ると、周辺がぼやけているが、円形の黄色の光が視えた。飛騨高山の日輪神社で視たものより、もう一つぼやけていた。

第三宮の前では、オレンジ色の立ち上がる光が視えた。ただし、そう強くはなかった。また、淡い紫色が漂い、上空から同じ色の光が降ってきた。紫色が降るというのあまりない。珍しい潜象光の形であった。

先にここへ来ていたS氏が呼ぶので近づいてみると、ここでこの方向の光を視て欲しいといわれた。理由を聞くと、先ほど、女の行者さんがその方向を向いて、「エイッ」と、気合いを入れていたというのである。どうも先ほどすれ違った人のようであった。

この方向を向いてみると、強くはなかったが、やはり、立ち上がる光が視えた。

元の拝殿のところに戻ると、参詣人の数が少なくなっていた。

それで、拝殿のところに行き、眼を閉じた。すると、明るいオレンジ色の光が立ち上がっているのが視えた。先ほど海の方向に視えた光と、同じくらいの明るさであった。

潜象光の具体例・まとめ

東北地方、中部地方に引き続き、今回は、近畿地方、中国四国地方および九州地方の山々と社寺に現れた潜象光を視る旅をした。これで本州、四国、九州についての調査がほぼ完了した。もう少し追加したい山や神社もあるが、この辺で一応のまとめとした。

潜象光はそれぞれの山で独特の形を現しているが、ここには代表的な例をまとめて載せることにした。また、いくつか図示して口絵に掲げたので参照されたい。

湯殿山

ここの潜象光は、私が最初に視たものであるばかりでなく、これまでの中で最も明るく、強烈な光であった。この潜象光は、その後、視た光のパターンのいくつかを含んでいるので、順を追って説明する。

A　はじめは黄色、オレンジ色、赤色、ピンク系紫色が、横方向に幾重にも重なった、穏やかな波のうねりのような光の縞模様であった（口絵図2）。

B　次に、このうねりの中央部分が盛り上がり、褶曲山脈の断面図のようになった（口絵図3）。

C　これに重なって、視界の両サイドから、明るい黄オレンジ色の光が、まるで瀧の水が流れ落ちるように、どっと落ちてきた。光の瀧であった。そしてさらに、足下の方から、まばゆいばかりの金色の光が、噴き出してきた。ちょうど、火山の爆発に似た光であった（口絵図1）。

これら三種類の光が、同時に続き、しばらくこのままの状態が視えていた。なお、Cにあるものは、他の山では見掛けたことはないが、A、Bに似た潜象光は、視ることがある。例えば、宮城県宮崎町では、大きな山ではなかったが、Bのような潜象光の赤い山が現れた。このときは、赤一色であった。

鳥海山

ものすごく強烈な赤い潜象光が、目の前一杯に現れた。すごい勢いで、エネルギーが下から上空の方へ立ち昇っているだけでなく、その中には、いくつもいくつも渦を巻いている光があった。この山から月山の方にエネルギーが流れていた（口絵図8）。

月山

複数の立ち上がる潜象光――夜間、月山のそばの道路を走っていたら、横に幅広い山頂に、4～5条の細い立ち上がる光が視えた。

金華山

複数の立ち上がる潜象光――対岸からこの島を眺めると、二カ所に蝋燭の炎のような形をした立ち上がる潜象光が視えた。これはオレンジ色と黄色の混じった光であった。このような光は、宮崎町の山でも視えた（口絵図5）。

立山

A　漂う潜象光――赤色、オレンジ色、黄色の縞模様が明るく美しい色を見せていた。これに仄かなピンク系紫色が加わった。

B　降り注ぐ潜象光――山の頂上の少し上あたりから、下の方に向かって、放射状に紫色の光が降り注いでいた。

C　立ち上がる潜象光と、円形の光――黄色とオレンジ色の光が、上空の方へ立ち上がっていた。この中には、紫色も含まれていた。また、円形の濃いオレンジ色の光も視えていた。別の場所から視たとき、とても綺麗な紫色が、視界の2/3位まで、一杯に広がって視えた。

白山

A　立ち上がる潜象光――燃えるような鮮やかな赤オレンジ色の光が立ち上がっていた。

B　降り注ぐ光――淡い金色の光が上空から降り注いでいた。このときは、同時にオレンジ色を主体にした立ち上がる光もあった。

C　白みがかった光――漂っている光も立ち上がっている光も赤色とオレンジ色が主体であったが、これらの色が、白みがかっていた。他の山では見掛けない白っぽい光であった。またここでも、輪郭がぼやけた円形の光があった。

乗鞍岳

立ち上がる潜象光――黄色とオレンジ色の明るく強い潜象光が視えた。この中には渦を含んでいた。

御嶽山

この山は、ロープウエイの頂上駅付近では、山頂が三つ見える。その中央部がもっとも明るい。オレンジ色主体の立ち上がる潜象光が幅広く視えた。この中にはキラキラする光も沢山はいっていた。この他、右上方からさらさら流れるような光の流れも視えた。真上からは、光の雨も視えた（口絵図7）。

富士山

上から降ってくる光の雨が視えた（口絵図6）。

三島大社

眼の前一面に、金粉がキラキラ輝いた（口絵図9）。

奥三河花沢の里

紫の漂う光――観音堂の内部で、美しく濃い紫色が、視界の下から$\frac{1}{3}$～$\frac{1}{2}$位のところまで、雲のようにふわふわと、わき上がってきた。どこかへ流れることなく、堂内に漂っていた。

常念岳

放射状に放たれる光――一面に漂うオレンジ色と黄色があり、幅広く巨大な立ち上がる潜象光がある。中に芯があって、キラキラ光るものも含まれていた。また、黄色の円形が視え、その中心から放射状に細い金線が数十条放たれていた（口絵図10）。

生島足島神社

立ち上がる金線の光――雨が降るような金色の光はほかでも見掛けるが、ここでは、まるで地上からわき出て上に昇るように、垂直に金色の細い線が束になって視えた。ときれない光である（口絵図13）。

皆神神社

円形の光――明るい黄色とオレンジ色の潜象光である。漂う光も、立ち上がる光も、ほぼ同じ色である。ここの特徴は、赤紫色の中に、円形で明るい光が視えたことである。この円形は、ほかでも視えるが、ここで視たものが一番輪郭がはっきりしていた。

三輪山

黒い太陽と、放射状に光る金線――詳細は本文一〇〇頁参照（口絵図11）。

高野山・奥の院

赤い金粉の中の人影他　詳細は本文六八頁参照（口絵図12）。

石鎚神社・洞川竜泉寺

建物の内と外で光がまったく異なる。内部は青の潜象光、外はオレンジ色の立ち上がる潜象光（口絵図4）。

以上、これまで調査した山や、神社で視えた潜象光をダイジェストした。この本で述べた飛鳥の三輪山のように特殊な潜象光もあるが、大体の潜象光は、ここに掲げたものに似ている。皆さんが、潜象光を視られるときの参考にしていただきたい。

おわりに

通常、肉眼では捉えることのできない光、潜象光であるが、この光を視ることができるのは、私だけではない。

昔から、仏像の絵には、光背といわれる光が描かれているものが多い。

イエス・キリストや、聖人といわれるキリスト教の伝道者や、天使の絵の頭のところには、同じように円形の光が描かれている。

これは、描いた人が、実際に光に包まれた姿を、視たのであろう。後世の絵師はいざ知らず、最初に描いた絵師は、それを視たに違いない。

また、中国の春秋戦国時代に、宰相の地位に昇った人の伝記小説の中にも、この光の話が出てくる。

宮城谷昌光著『管仲』（文春文庫）のなかで、後に宰相となった管仲が、若い頃、路傍で彼が無頼の徒に取り囲まれているとき、不思議なことに、管仲が光に包まれているのを、見掛けた人がいたと、書いてあった。この人は、後に管仲の臣下となる。

同じく『奇貨居くべし（黄河編）』（中公文庫）のなかでは、後に秦の宰相になった呂不葦によって、あわや処刑される寸前に刑を免れた田焦という人が、呂不葦を見ると「呂不葦が光そのものになった」という話が出てくる。

同じく「飛翔編」の中で、呂不葦が、黄金が埋蔵されている山で、黄金の気が立っているのを知り、陶候に黄金を発掘させたという一文がある。

また、同じ「飛翔編」のなかで、趙に人質として来ていた秦の公子から、黄金の気が立っているのを、呂不葦が見たという記述がある。


これらのことは、小説の中での話であるから、実際にそうであったかどうか、疑わしいと思われる方もおられよう。

しかし、史実を忠実に調べて小説を書かれる同氏のことであるから、史実に記載されていたであろうと推察する。

私自身も、青森県黒石市で、無心にじょんがら三味線を弾いていた奏者の身体を、柔らかい光が包んでいるのを視たことがある。このときは、目を開いたままであった。

この光は、一般にはオーラと呼ばれているが、普段は肉眼では視えない光である。やはり、一種の潜象光である。

このような光について、現代科学は認めようとしない。否定したままである。

現代科学が解明できていない自然現象はいくつもある。過去に、法王庁はガリレオの地動説を否定した。その時彼は「それでも地球は回る」といった。有名な話である。後に法王庁はその非を認めて、誤りを正した。

現代科学は、どうかというと、これとはまったく正反対に、ガリレオの時代の法王庁と同じ立場をとっている。科学がとっている立場とは、宗教色の濃い話、諸現象は、すべて否定する立場である。その中には、心霊現象とか、オーラ現象も含まれる。

もう少し科学が謙虚になれば、自らの探求の足りなさを感じて、もっと、未知の分野に足を踏み入れることができるであろう。

私は潜象エネルギーが存在することを示して、その扉を開きたいと考えている。

自然の持つ無限のエネルギーが、電気・磁気あるいは、いわゆる三次元の運動エネルギーなどと、どう関わり合いを持っているかを、追求したいと考えている。

その中で太陽系についての新しい考え方もできるであろうと思っている。

私たちが現在知っている自然の背後には、未知のエネルギー場が存在し、そこには無限のエネルギーがあることを知っていただきたいのである。潜象光の世界を通じ、できる限りそれを皆さんにお知らせしたいと考えている。

眼を閉じて視える光という意味で、潜象光という名を付けた。そして、目を開いて見える通常の光を顕象光と呼び、これと区別した。

眼を閉じて、なぜ色々な形、色々なカラーの光が視えるようになったかについては、私自身わからない。

近年、湯殿山で、ある日突然、視えるようになった。一般に言われているような「行」とか、何らかの修行は何一つやったことはない。強いて言えば、以前GLAという団体を主宰された高橋信次氏の本を読んだり、講演のテープを聞いたり、T氏に誘われて、道元禅師の「正法眼蔵」の講義を聞いたりしたくらいである。しかしそれも三十年以上前のことである。

それにも拘わらず、このような現象を視ることができるようになった理由は何か？　私なりに考えてみた。

結論は、神から、あるいは自然界から、「現代科学は偏っている。もっと自然を素直な目で見なさい。おまえはそれを世に現しなさい。そして、自然界の深奥には、現代人が認識していない現象がいくつもあることを広く知らしめなさい」と言われているのであろうと考えた。

このようなことを考えていて、子供の頃の母ゆきの話を思い出した。

母は折にふれ、「目には見えないが、人間には、誰にも自分の首に掛かったゼンモンの頭陀袋がある」と言っていた。「ゼンモン」というのは、佐賀県の方言で、乞食（あるいは托鉢の僧）のことである。私は宮崎で生まれたが、父と離れた後、母の里方である佐賀県で少年期を過ごした。時に墓参りに行くことはあっても、宮崎に住んだことはない。

この言葉の意味は、「人様から、ゼンモンの頭陀袋に、お米とか、お金を入れて頂くためには、自分自身で歩いて、それを乞わなければならない。誰も、他人が自分の代わりに、托鉢をしてくれることはない」ということである。

言い換えれば、「人間は、誰しも、その人生でやらなければならないことがある」という意味である。

私にとってのゼンモンの頭陀袋とは、このことであろうと、思っている。だから、私にできることは、やらねばならぬと思っている。

日本航空時代、リニア・モーター・カー開発に携わっていた頃、出会った天才技術家中村信二氏の仕事を、サラリーマンの枠を超えても、何とか手助けをしようと考えていた。その時も、「これもゼンモンの頭陀袋の一つか」と思った。

今回の潜象光の解明は、それ以上のインパクトを私に与えた。はっきりと神の意志を感じるからである。

三十数年前から、現代科学にある疑問を持っていた。しかし、それを具体的に「どこがどう違うのか？」を理論的に表現するには、ある困難があった。しかし、潜象光が存在することを知って、方向づけができた。

私たちを取り巻いている世界、目で見える世界の背後には、目には見えないが、別のエネルギー場が、存在している。これが潜象エネルギー界である。幾層にも重なり合ったエネルギーの場である。潜象光はその中の一つに過ぎない。

ところで、いま世界は化石燃料の使いすぎで、地球温暖化という危機に見舞われている。この問題はすぐに解決する様子はみせていない。各国ともその回避に努力はしているものの、顕著な改善策はないようである。近い将来に、海中に沈む国も出てきそうである。それほど温暖化現象は進んでおり、北極南極の氷が溶けて海面の上昇が進んでいる。

しかし、化石燃料の消費を抑えることができなければ、空気中の二酸化炭素の増加は抑制できない。では、化石燃料の使用を最小限に抑えて、代わりのエネルギーを探さなければならない。風力発電、バイオ燃料、液体水素などの対策が採られているが、充分とは言えない。

原子力発電は、放射能汚染の恐れがあり、広く利用されるに至っていない。これが世界の現状である。

これらに代わる代替エネルギーはあるであろうか？

顕象界だけを研究している科学では、それを見つけるのは困難であろう。

では潜象界に目を向ければ、どうであろうか？

前著『霊山パワーと皆神山の謎』で述べたように、潜象界のエネルギーは、顕象界のエネルギーに転化する。一つは潜象エネルギーの可視光線への転化であり、もう一つは、振動エネルギーへの転化である。

長野市松代町で発生した群発地震が、その一端を示していた。

地震の時に発生した発光現象は、潜象界のエネルギーが、可視光線として見えたものであり、地震の原因となったのは、大量の潜象エネルギーが、皆神山の地下にある石英を多く含んだ岩盤に流入した。その結果、岩盤が振動し、地震になったと推察される。

このメカニズムを解明できれば、潜象エネルギーを顕象エネルギーとして、利用できることになる。しかも巨大なエネルギーの利用が可能になる。

今回の旅では、出雲大社の元の神殿のことや、大和三山の配置、高良山の神護石など、これから考えねばならぬテーマが、色々出現した。

神護石が中国地方や、九州で、八カ所も確認されていることは、有史以前に、何らかのシステムとして、建造されたことを意味している。

これらを解明することによって、現在使用されているエネルギーの代わりに、潜象エネルギーが利用できないものであろうか？　このようなことを私は考えている。

ところで、山が放っている潜象エネルギーは、日本だけにあるのではない。例えば、英国でも多くの潜象光を視てきている。英国の山々や、ストーンサークルで、多くの潜象光を視たのである。

私が推測しているように、石英を多く含む岩石のあるところでは、どこでも潜象エネルギーの存在を、実証できると思う。

このエネルギーは、人類が超古代文明の時期に利用していたと考えられる、普遍的な、自然エネルギーである。

なぜそう考えるかというと、多くの巨石遺跡、例えば、ピラミッド、ストーンサークルほか、神社などに置かれている巨石の持つ意味を考えてみると、自然にこのようなことに到達する。

これから、私はこの潜象界に潜んでいる自然エネルギーと、現在利用されている電磁気エネルギーとの関連について、研究を進めてゆきたいと考えている。そのベースになるのは、やはり石英であり、その組石である。

このような研究の実証には、少し時間がかかるが、少しずつ進めてゆこうと考えている。それが神（自然界）から、私に課せられた使命・ゼンモンの頭陀袋であると思っている。

この調査行に、全面的に協力して頂いたS氏（本人希望により匿名）、および、数十年にわたって、東北地方から中国地方の調査に同行していただいたT氏（田丸剛士氏）に、深甚なる謝意を表す次第である。

なお、出版に当たって、ご配慮いただいた「今日の話題社」代表取締役武田洋一氏および、担当された高橋秀和氏に、厚くお礼申し上げる。

参考資料

『古事記』（梅原猛著、学研文庫）
『日本書紀』（岩波文庫）
『続日本紀』（宇治谷猛著、講談社）
『新唐詩選』（吉田幸次郎・三好達治著、岩波新書）
『琵琶湖水底の謎』（小江慶雄著、講談社）
『富士山』（森下晶著、講談社）
『比叡山』（比叡山延暦寺出版）
『高野山』（高野山出版社）
『神社辞典』（東京堂出版）
『神体山』（景山春樹著、学生社）
『大和を歩く』（甘利治夫著、奈良新聞社）
『飛鳥藤原京の謎を掘る』（平田稔・金子裕之共著、文英堂）
『葛城の峰と修験の道』（中村栄治著、ナカニシヤ出版）

『空海の風景』（司馬遼太郎著、中央公論社）
『日本超古代秘史資料』（吾郷清彦著、新人物往来社）
『ミステリーゾーンガイド』（学習研究社）
『白鳥の王子ヤマトタケル』（黒岩重吾著、角川文庫）
『空海秘伝』（寺林俊著、学陽書房）
『アジアのコスモス・マンダラ』（講談社）
『岩石と鉱物の写真図鑑』（日本ヴォーグ社）
『藤原京』（木下正史著、中公新書）
『相似象』（宇野多美恵著、相似象学会）
『老子・荘子』（森三樹三郎著、講談社）
『ホツマツタヱ』（松下善之助著、毎日新聞社）
『完訳　秀真伝』（鳥居礼著、八幡書店）
『特選日本の古典万葉集』（世界文化社）
『古事記大講』（水谷清著、八幡書店）
『日本の神々』（谷川健一編、白水社）
『かごしま暦』（鹿児島神社庁）

『管仲』（宮城谷昌光著、文春文庫）
『奇貨居くべし』（宮城谷昌光著、中公文庫）
『北の義経伝承』（正部家種康著、帆風）
『十和田湖山幻想』（長池透著、今日の話題社）
『霊山パワーと皆神山の謎』（長池透著、今日の話題社）

長池　透（ながいけ　とおる）

1933年宮崎県生まれ。電気通信大学卒業後、日本航空整備株式会社（現日本航空株式会社航空機整備部門）入社。航空機整備業務、整備部門管理業務、運航乗務員養成部門、空港計画部門などを経て、磁気浮上リニアモータ・カー開発業務に従事。1993年、定年退職。20数年にわたり、超古代文明、遺跡の調査研究を行い現在に至る。著書に『神々の棲む山』（たま出版）、『十和田湖山幻想』『霊山パワーと皆神山の謎』（今日の話題社）がある。

超光速の光・霊山パワーの秘密

2008年7月8日　初版発行

著　者　　長池　透

装　幀　　宇佐美慶洋

発行者　　高橋秀和

発行所　　今日の話題社
東京都品川区上大崎2-13-35 ニューフジビル2F
TEL 03-3442-9205　FAX 03-3444-9439

印　刷　　互恵印刷＋トミナガ

製　本　　難波製本

用　紙　　富士川洋紙店

ISBN978-4-87565-585-5　C0011